中国传统文化传播与对外汉语教学

张 璐 著

九州出版社
JIUZHOUPRESS

图书在版编目（CIP）数据

中国传统文化传播与对外汉语教学 / 张璐著 .
北京 : 九州出版社 , 2024. 6.
ISBN 978-7-5225-3089-5

Ⅰ . G125 ; H195.3

中国国家版本馆 CIP 数据核字第 2024MK5107 号

中国传统文化传播与对外汉语教学

作　　者	张　璐　著
出版发行	九州出版社
地　　址	北京市西城区阜外大街甲 35 号 (100037)
发行电话	(010)68992190/3/5/6
网　　址	www.jiuzhoupress.com
电子信箱	jiuzhou@jiuzhoupress.com
印　　刷	河北赛文印刷有限公司
开　　本	710 毫米 ×1000 毫米　　16 开
印　　张	14.5
字　　数	211 千字
版　　次	2024 年 6 月第 1 版
印　　次	2024 年 6 月第 1 次印刷
书　　号	ISBN 978-7-5225-3089-5
定　　价	72.00 元

前言

“文化是一个国家、一个民族的灵魂。”中国优秀传统文化是我们取之不尽、用之不竭的源头活水。在当今全球化的时代，文化的传播和交流已经成为联系各国人民的纽带。同时，随着中国思想文化的发展、社会文明的进步、教育学术的建设，对外汉语教学作为第二语言教学学科领域也迎来了空前良好的发展机遇，由一个迫于急需而匆促起步的教学部门或领域，逐渐发展成为一个具有一定学科性质的新兴学科、综合学科，在本领域及相关领域产生了日益广泛的海内外影响。

从 1950 年成立的清华大学“东欧交换生中国语文专修班”接收新中国第一批留学生开始，对外汉语教学事业已经走过了 74 年的历程。在国际化大背景下，对外汉语教学在深入挖掘和阐释中国优秀传统文化的精髓，向世界讲述新时代的中国故事，推动中华优秀传统文化创造性转化、创新性发展方面起到了重要的学术引领作用。74 年来，通过不断创新的人才培养模式，对外汉语教学事业正乘着“中华文化走向世界”的东风，从孔子学院出发，逐步联通世界，将中华优秀传统文化不断传播至世界各地。

2024 年 3 月 19 日，教育部公布了 2023 年度普通高等学校本科专业备案和审批结果，并发布 2024 年普通高等学校本科专业目录，汉学与中国学专业被正式纳入本科专业目录。该专业涉及对中国传统文化、历史、哲学、艺术等领域的探究，以全面涵盖中国文化的内涵和特点。当前，将中国传统文化融入对外汉语教学已是业界专家们的共识。

为此，著者以中国传统文化的传播价值、传播方式及相关理论为理论基础，对中国传统文化传播背景下的对外汉语教学进行深入分析，梳理文化视域下对外汉语教学的意义和发展历程，重点探讨和分析中国传统文化的传播在对外汉语教学中存在的问题，提出对外汉语教学中的中国传统文化传播原则、方法与策略以及长效机制。

在写作过程中，参阅了大量的相关专著及论文，在此对相关文献作者表示感谢。由于写作水平有限，书中难免存在不妥之处，敬请各位专家、读者批评指正。

目录

中国传统文化传播背景下的对外汉语教学

汉语作为第二语言进行教学的历史可以追溯到古代，特别是在唐代，中国的对外汉语教学达到了鼎盛时期。然而，在清代晚期以后，由于列强侵略和国内动荡的局势，对外汉语教学日渐式微，并在一段时间内几乎停滞不前。值得注意的是，在民国时期，对外汉语教学活动虽然数量不多，却有一些著名学者在国内外进行了汉语教学的尝试。例如，老舍、赵元任和邓懿等学者前往英国和美国担任汉语教师，同时国内也出现了一些私人或境外教学机构开办的针对外国人的汉语教学活动。这些早期的对外汉语教学活动在中外交流中发挥了重要的作用，为后来的汉语教学奠定了基础。尽管在新中国成立之前，这些教学活动规模有限且受制于社会动荡，但它们的意义和价值在于提供了对外汉语教学的先驱经验，并为后来的发展提供了借鉴和启示。

自新中国成立以来，对外汉语教学被视为一项事业，并逐步发展成为一门学科。在过去的 70 多年发展中，中国的对外汉语教学走向了世界舞台。随着中国国际地位的提高和影响力的增强，来华学习汉语的人数也不断增加。根据中外语言交流合作中心的数据统计，截至 2023 年底，全球已有 160 个国家和地区设立了 499 所孔子学院和 793 个孔子课堂，190 多个国家和地区开展了中文教育项目，85 个国家通过颁布法令政令等方式将中文纳入国民教育体系。160 多个国家设立中文水平考试考点 1300 多个，累计考试人数达 5800 多万人次。据不完全统计，目前海外正在学习中文的人数超过 3000 万。[①]

国际汉语教学作为国家和民族的事业，在中国的改革开放大局中具有特殊的意义。这不仅是中国文化的传播和交流，也是中国国家形象的展示和增强。通过对外汉语教学，中国能够与世界各国建立更紧密的联系和友好的合作关系。同时，国际汉语教学也为外国人提供了学习中国语言和文化的机会，促进了不同文化之间的相互理解和尊重。通过持续的努力和投资，中国在国际汉语教学领域取得了显著成就。这对于推广中华文化、增进人民友谊、促进世界各国之间的文化交流与合作具有重要意义。国际汉语教学的发展也推动了汉语教材、教学方法和教师培训等方面的创新和进步，为更好地满足学生的需求和提高教学质量提供了支持。

在全球化的背景下，国际汉语教学要向世界展示中国自信，这种自信源于五千年文明的过去，也源于中国当下的社会、政治、经济的巨大发展。中国传统文化传播使留学生在具备较好的语言和交际能力的基础上，更深入地了解中国悠久的历史文化和当今社会发展状况，增强对中国社会文化、教育理念、外交政策的理解和认同。在中国传统文化传播理念下塑造的留学生，将会以亲历者的身份成为中国思想和文化在海外传播的使者，向世界展现真实、立体、全面的中国。在国际汉语教学中进行中国传统文化传播，可以更好地服务国家需求和人才培养需求，这也是汉语教师义不容辞的责任。

① 柴如瑾，唐培兰，李建涛．中文为桥，让世界相通相亲——来自 2023 世界中文大会的声音 [N]. 光明日报，2023-12-12(07).

第一节　选题缘由

作为传播中华文化的主流方向之一，对外汉语教学在传播中华文化的过程中所发挥的作用和影响力是不容忽视的。如何掌握好中华文化的精髓，怎样理解并运用好跨文化交际与对外汉语教学之间的关系，将我国文化兼容并包的精神在世界范围内产生广泛而持久的影响力，这对于中华民族以崭新的姿态长久屹立于世界强国，以及世界优秀民族之林无疑具有十分重要和深远的历史意义。

一、对外汉语教学无法回避文化的问题

五千多年历史的中华文明，是世界几大古代文明中唯一延续发展至今且没有中断的文明。不可胜数的历史典籍，流传久远的诸子学说，云蒸霞蔚的诗词歌赋，利在千秋的四大发明，独具匠心的书画雕刻……每一种中华优秀传统文化都令古今中外叹为观止，敬佩不已。在新形势下，对外汉语教学应该科学地总结和梳理中华优秀传统文化的内容，将其融入国际中文教育的全过程，有针对性和实效性地对留学生开展中华优秀传统文化教育。

（一）文化因素对对外汉语教学的影响

1. 文化相异的吸引力和新奇感

目的语文化的新鲜感，常常是留学生们重要的学习动力。留学生一踏进中国，首先感知的是中国文化外在的层面，即物质层面，如街道、建筑等。接着便是与其母语文化完全相异的社会文化，包括交际方式、风俗习惯、人文景观等。从文化的结构看，这些都属于表层文化，易于感知；从存在的形态看，表层文化既活泼又直观，因而对留学生有更大的吸引力；从留学生接触或参与的频率看，也是最高的部分。所以，如果能合理、系统地搞好这一层面的文化教学，不仅能提高留学生学习语言的积极性，而且能使他们对中国文化的表层文化有一个感性的

了解。

2. 文化观念差异对语言交际的影响

不同文化对于表达方式和语言习惯有不同的偏好。例如，在某些文化中，直接表达意见可能被视为冒犯或不礼貌，而在其他文化中，直接表达被认为是坦诚和直率的表现。这种差异可能导致沟通误解和隔阂。东西方文化差异确实存在，这种差异可能会导致在不同的语言背景下，同一事物具有截然相反的文化内涵。比如,"狗"在汉语语境里常常构成带有贬义的词语,比如"走狗""狗仗人势""狗急跳墙"等。而西方国家的人,则把狗当成是最忠实的朋友,在英语词汇中和"狗"相关的词也大都带有正面的意思,比如"lucky dog"（幸运儿）、"top dog"（胜利者）、"old dog"（老手）等。在跨文化交际中，学习者应保持尊重和包容的态度，尊重不同文化的观点和习惯，避免过度主观地评价或批判他人的文化。同时，接受和欣赏文化差异，以建立和谐的跨文化关系。

3. 礼貌习惯对语言交际的影响

中西方在礼貌习惯方面也存在许多观念上的差异。在西方文化中，直接表达意见和感受被认为是坦率和直接的方式。而在中国文化中，更倾向于使用委婉和间接的方式来表达意见，尽量避免冲突和不愉快的局面。这种差异可能导致交际中的误解和沟通障碍。在西方文化中,人们通常使用一些礼貌用语如"请""谢谢"等来表达尊重和感激之情。而中国文化中存在许多特定的敬语和谦语，这些在英语中很难找到对等的词语。了解这些词语的语用功能对于有效的跨文化交际非常重要。在对外汉语教学中，教师确实需要进行充分的解释和说明，帮助学习者理解这些具有鲜明中国文化特色的表达方式。比如,"哪里哪里""不敢""讨教""赐教""高见""不敢当""过奖了"等。一些敬语或者谦语,比如"光临""愚见""薄酒""便饭"等都无法在英语中找到对等词，若不了解这些词语的语用功能，很容易形成交际障碍，不善自谦的英美人会以为"愚见"真的不高明，"便饭"真的很简单。教师可以通过提供实际的语境和示例，帮助学习者理解敬语和谦语的具体用法和表达方式。可以使用对话、角色扮演或案例分析等方式，让学习者在实际交际中

体验和运用这些表达。

（二）对外汉语文化教学应注意的问题

1. 文化教学要与时俱进

随着时代的发展，中国人的文化观念和理念也在发生着变化，而在对外汉语教学中遇到的许多文学作品和文章，有可能是出自不同的历史时期，教师在进行讲解的时候，一定要结合中国历史和社会的发展，让学生以历史和发展的眼光来理解不同时期的文化理念，并让学生了解当代主流的中国文化现象。另外，一些网络词汇、流行用语等新兴的语言文化现象，教师也应该注意收集，适当介绍给学生，避免语言学习与时代脱节，要做到与时俱进。随着时代的发展，中国的文化观念和理念也在不断变化，教师在对外汉语教学中需要关注和反映这些变化。

2. 文化教学要考虑教学对象的多样性文化背景

留学生来自世界多个国家，有时候在一个班级里就有许多来自不同国家的学生，这些学生的文化背景不同，对中国语言和文化的理解也不尽相同。教师应该适当了解学生的文化习惯和思维习惯，有针对性地进行教学。另外，一些肢体语言，在不同的文化背景下也会有不同的含义，教师应该具备这样的常识，以便更好地同学生进行沟通和交流。如果班级里确实有来自不同文化圈的学生，教师可以鼓励他们介绍自己国家的文化习惯，并组织学生进行文化比较和讨论，再结合中国文化的特点进行教学，这样不但可以引发学生对文化问题的兴趣，还能加深理解和记忆。

3. 跨文化的交流与融合

对外汉语教学的过程与学生学习的过程应该是文化的交流与融合的过程，教师不能强制学生接受中国的文化理念和思维方式，也不能迁就学生的文化习惯。教师要保持自己的中国方式和特点，让学生在和老师进行交流的时候，就体会到同中国人交流应该注意的问题，采取一种文化协同与互动的方式，让学生把中国文化纳入他们本身的母语文化体系中，完成跨文化的交流与转化。

二、对外汉语教学的文化困境亟待解决

文化是国际语言教学当中非常重要的内容，同样也是国际语言教育的共同价值以及共同目标。汉语作为我国优秀的文化资源，具有丰富的文化内涵和历史背景，通过对外汉语教育中的文化教学，可以促进文化的融合和提升我国的国际形象。

（一）课程设置偏离了文化内容

当前，在对外汉语教学中，存在重语言技能和文法知识的教学，忽视文化实践类教学的现象。对于对外汉语教学而言，语言学习和文化学习都对能力要求很高，掌握数千个甚至上万个汉语词汇未必能有效组织成合法的句子。即使是组织的句子具有语法上的合理性，也未必具有交际意义上的切合性，哑巴汉语并不罕见。了解一种文化现象未必就能正确理解这种文化现象，理解一种文化现象未必就能欣赏这种文化现象，欣赏一种文化现象未必就能恰当地表现为得体的实践。语言交际能力和文化实践行为都必须在反复、深入、实战性的社会实践中得以锻炼和提高，内化为能力，涵化为性格和气质。所以说，对外汉语教学实践类课程的设置是十分必要和重要的。

（二）教师的教学方法及教学能力有待提升

在上课的过程中，不管运用哪种教学方法，最重要的是让学生对汉语感兴趣。兴趣是第一位老师，只有学生喜欢汉语，你后面所讲，才能收到效果。所谓教学有法，教无定法，贵在得法。在对外汉语教学中，最关键的第一步就是让学生喜欢上老师。只要学生喜欢老师，就算他不喜欢上课，也会听老师说的。所以，对外汉语教学要了解学生的爱好，了解学生的所需，才能抓住学生心理。所以，对外汉语教师，要树立好自己的形象，打造自己的人格魅力，从仪表仪态到谈吐举止，都要得当，学会自我营销，让学生认可老师。这是上课的第一步。只要老师走进学生心里，接下来的各种教学方法也自然起到作用。

（三）东西方文化存在差异

中华传统文化博大精深，其中包含了很多留学生难以理解的文化符号。在汉

语交际的过程中，由于对汉语文化的交际情景不熟悉，不理解汉语的存在和发展的背景文化，按照其本民族自身的思维方式思考，而忽略两种文化的差异，导致他们最容易犯语用错误。因此，在对外汉语教学中，教师应该具有较强的文化差异敏感度以及高水平的跨文化交际能力，在课堂发挥主导作用，在特定的交际情境中进行语言教学，帮助学生适应汉语言文化。其次，汉语初学者习惯性地用母语思维来学习汉语，注意不到语言文化背景的差异，教师应加强对汉语言文化和母语文化的比较，帮助学生辨析语言文化内涵的差异，提高学生对汉语言文化的敏感性。只有了解并掌握了两种语言在文化上的差异，学生才能熟练地使用汉语，顺利地进行跨文化交际。

在对外汉语教学中，语言输出是难点。为了提高外国学生的输出能力，需要教师采用多种方式进行教学。例如，给学生提供机会进行角色扮演、辩论、演讲等，让学生能够更加自然地用汉语进行表达，不断提高他们的汉语水平。

三、对外汉语教学的文化意义日益凸显

针对汉语教学中传播中国理念，塑造中国形象，传递中国智慧等问题，要始终不忘树立中国文化自信。首先，在汉学教学和语言传播的层面上，语言是交流的工具，更是文化的载体，语言教学还是一个民族形象塑造和国家战略传播的有机组成部分。对外汉语教师，面向文明类型不同和文化差异极大的各国学生，如何在教学过程中“站得住讲台”，不仅需要精湛的业务和教学能力，还需要有对自己民族文化的自信。而一个对外汉语教师的文化自信，首先来自对自己的母语——汉语的深刻认识上。当然，深刻的认识建立在深入研究的基础上。其中，汉语语法就是一个特别重要的问题。

过去确实常有这样的情况，在外国学生的汉语教学中，汉语作为他国他民族的一门外语，在语法结构上与学生们的母语有很大差别，对他们一些涉及语法结构的提问，有时以“习惯用法”来搪塞。久而久之，总是不能很好地回答汉语语法问题的教师，自身形象及其背后所连带的国家形象会受损，汉语的语法价值也被贬低。《马氏文通》第一次用西方语法学对古汉语进行研究，由此开创的汉语

语法之路基本上沿袭西方，汉语事实与西方理论方枘圆凿，难免顾此失彼，或不能相称。其实，汉语研究的历史远比《马氏文通》悠久，自先秦以来就有一套自己的小学研究路子，文字、训诂、音韵诸方面都成就斐然。

没有语法就构不成语言体系，对于汉语语法的研究终究须走出自己的路子。第一，要深入汉语实际，从汉语的事实出发；第二，要发掘古代汉语研究的理论和方法；第三，要从世界语言的角度观察汉语事实。只有学贯中西，将汉语的研究置于世界语言研究的视域下，发现汉语的特点，才能有所创见。目前已经有很多学者发现了汉语具有自己独特的语法表达，尤其是汉语语用原则、功能特点开始受到重视。只有立足于中国语言生活，踏踏实实做学问，有朴学的精神，同时具有国际视野，能运用语言类型学的思维，事实、传统、西学三者结合才能完成构建具有汉语特色的语法体系的任务。

其次，文化自信来自对中华文化的深刻认识和理解。文化包括物质层面、知识层面和观念层面。如今的汉语教学在文化上的内容主要还停留在物质层面和知识层面，如教学生剪纸、打中国结、练习书法、茶艺等，以及简单地讲授中国历史和交际知识等，而观念层面的文化内容很少涉及。但这是一个“思想市场”和文化价值观念竞争的时代，只有观念传播及获得认同，文化才能形成“软实力”。那么，在对外汉语教学中就需要因势利导。教学中有这样一个案例，在讲述“愚公移山”的故事时，有学生提出“为什么愚公不搬家？”显然，这是一个极具文化差异的问题，却不能回避。如果教师是一个具有文化自信的人，这时就不必惶恐于这样“无厘头”的提问，而可以导向中华文化的一些核心价值观念，如克服困难持之以恒的观念、“人定胜天”的观念、“天助人自助”的观念，尤其是可以导向对中国人对于“家”的观念和对家园的热爱。这些观念有些与西方是相通的，有些则富有中国特色。教师对于中国文化的精神和价值有充分理解，就不妨大大方方地探讨这些问题，为外国学生提供一种全新的文化视角甚至于人生价值的选择。汉语教学的一大目的就是通过语言传播来加强文化文明的沟通，不管是出于怎样的差异思维下的提问，对中华文化的深刻理解都可以使我们在导向价值观念

论述时充满文化自信。

绵延五千多年的中华文明博大精深，有一整套系统的价值观念，如仁义礼智信、忠孝廉耻勇、温良恭俭让等。到了当代，实事求是、辩证思维等观念也被吸纳进中国的文化价值观，汉语教学可以围绕着这些观念传播中华文化。

文化自信如果有一个核心，那必然是价值观自信。在观念文化层面，我们不仅应该思考古代中国为世界贡献了什么，还应该思考中国当代文化为世界贡献了什么。当代中国的文化现状更应该进入我们的教学内容。当代中国是汉语学习者最需要了解的，也是中国最愿意向世界推出的，是教学双方的动机交集，应当成为国际汉语教育的基本教学内容。

最后，教学法或教学模式对教学效果有重要影响。“得法”或“不得法”是对外汉语教学中的重要命题。新中国的对外汉语教学已有 70 多年，有没有自己成功的教学模式？这个需要总结梳理，需要我们关注现实的教学实际，而不是停留在借鉴、引用西方理论上。汉语教学中有哪些教学模式？哪些普遍成功？哪些受限？这方面尚缺乏深入研究的成果。由于汉语与西方语言巨大差异性的客观存在，照搬西方的教学法而不探索发展汉语教学自己的教学模式，那只能说是文化自信不足的体现。

目前汉语教学界的现状是，研究汉语本体的人多，研究第二语言习得的也多，但是真正研究汉语教学法的就相对比较少了。本体研究受重视是因为很多人信奉“教无定法”，这样的认知对教学的研究变得可有可无，或根本无所谓。本体研究的路子主要是汉语作为母语的研究方向，没有关注到汉语作为第二语言的特点。研究教学的人越来越少，教学论文的质量越来越低，恶性循环，教学研究也就更受到轻视。于是，十分迫切要解决的教学问题，长久得不到解决，甚至没有人研究。21 世纪初，有少数学者针对汉语教学模式的研究产出了一些成果，但也缺乏后继的动力。对于汉语教学的本体是什么，教师和学术界一直没有达成共识。这个最根本的问题，至今仍有很多争议。刘珣先生[①]曾经呼吁，我们汉语教学界应该建设一个像英语作为第二语言教学那样坚实强大的学科，这是汉语教学可持续发展的保证。学科建设并非抽象的、空洞的。比如，首先要在一些重大问题上凝聚同仁的共识，解决几个难题，做成几件事情。过去我们汉语教学界对汉语、中华文化、教学理论的评价只有一个西方的标准，如今，汉语教学界需要另一个标准，这个标准不是西方的，也不是中国传统的，而应该是“实事求是”这个标准。只有脚踏实地，关注实际，又立足世界大局，融汇各方文明成果，才能更好地体现我们的文化自信。从对汉语特点的认知到教学法，从汉语教学的本体共识到标准的确立，都需要文化自信。这正是我们应该树立文化自信的年代。

① 刘珣. 追随对外汉语教学事业60年：试论对外汉语教学事业和学科的发展[J]. 国际中文教育（中英文）. 2021，6(04).

第二节 概念界定

一、中国传统文化传播

（一）文化

学术界一般认为，文化可以分为观念文化、制度文化、精神文化和物质文化。从语言教学的角度，我们把文化分为三类：（1）观念文化；（2）交际文化；（3）知识文化。

观念文化是一种内在文化，是中华文化的精髓，也是华人的“根文化”。它是中华民族在自己形成和发展过程中形成的认识世界并处理人与自然、人与社会、人与人等关系的方式和理念。内在文化使得中华民族表现出自己独特的智慧、坚强、勤劳和精神世界。

交际文化可以看作是一种外在文化，它主要体现在言语行为上，主要是讲授交际活动中的文化差异。讲授交际文化是为了减少交际中的“误读”，例如，汉语中的“哪里哪里”和“你吃过了吗”之类。

知识文化，是关于异文化的知识，也是外在的，它包括物质文化和一些非物质文化（如作为制度文化的婚丧嫁娶文化，像喜庆用红色、丧事用白色之类，再如中国的舞蹈、戏剧、武术、剪纸等）。

显然，汉语教学对文化的关注更多的是外在文化。如交际文化，它更多地体现在行为文化方面。行为文化常常比较具体，容易入手，也容易收到实际效果。而华文教学中的文化教学除了交际文化和知识文化，还要非常重视内在文化——中华文化的“精神”，寻文化之根。华侨华人守望故土文化，时刻关注故土的变化。因此，华文教学在内容上如何体现中华文化，应该和汉语教学有所区分。

华文教学中的“文化”和汉语教学中的“文化”是不同的。区分两种文化教学，在我们看来是非常有意义的。它给华文教学提出了新的要求和任务，也给华文教育领域的科学研究带来了新的拓展空间。华文教学需要与之相应的大纲、教材、考试和评估模式。由于学习者在年龄、语言背景等方面存在差异，在制订华文教学文化大纲时需要考虑不同层次。例如，在马来西亚、菲律宾等地，华文教学从小学甚至幼儿园就开始了，如果对这些学习者进行系统的中华文化教学，需要考虑到他们的语言能力、认知水平以及心理接受程度等。

（二）中国传统文化

中国传统文化是什么？谚语有云，百里不同风，千里不同俗。说的是两地相距一百里，“风”就会不一样，而相距一千里其“俗”就会发生新的变化。由此可见，“风”和“俗”两个不同的概念。“风”就是风尚、时尚，传播虽快，但存在的时间比较短、范围也比较小，所以影响也是较为有限；“俗”比较稳定，存在的时间比较长、范围比较大，影响比较持续。举个例子，在古代中原地区，人们的服装一旦形成一种基本的形式，就会长时间延续，这就是“俗”。同样形式的服装，有的地方的人喜欢这种颜色，有的地方的人喜欢那种颜色，这就是“风”。“俗”如果再延续，经过长时间沉淀，就成为一种传统，往往反映在观念、制度、理论甚至信仰上。传统需要比较长的时间才能形成，并且在一定的时间和空间范围内，居于主要地位，是主流。

（三）中国优秀传统文化融入对外汉语教学内容的精心选择

1. 中国优秀传统文化的家庭伦理观

中国优秀传统文化蕴藏着深厚的家国情怀，既遵从由孝而敬、以孝为先的家庭伦理观，又提倡“天下兴亡，匹夫有责”的责任担当。从“家国一体”出发，强调修身、正心、格物、诚意、致知，主张齐家、治国、平天下。既有“天行健，君子以自强不息”的气概，也有“先天下之忧而忧，后天下之乐而乐”的为民思想。

2. 中国优秀传统文化的忠恕之道与和合文化

中国优秀传统文化提倡忠恕之道与和合文化，形成了以“和”为根本特征的和合文化。人与人之间，主张忠恕、仁爱，主张和衷共济、推己及人；人与自然之间，主张道法自然、天人合一，“万物并育而不害、道并行而不悖”是其精髓；人和社会之间，崇尚善解能容、济众合群，强调人与社会的相互接纳、和合融通；民族和国家之间，倡导天下为公、万邦协和，强调大同社会、修睦讲信；各文明之间，主张以和为贵、和而不同，和平共处；对个人，讲究宁静致远、修身养性，提倡安贫乐道、见素抱朴；社会、自然、文明、身心、人际等各元素之间应该和谐。

3. 中国优秀传统美德资源及道德修养方法

中国优秀传统文化蕴藏着丰富的美德资源，为中华民族长久不衰、波澜壮阔提供了丰盛的养分。中华优秀传统美德是中华优秀传统文化的核心，既包含讲仁爱、重民本、守诚信、崇正义、尚和合、求大同等优良传统道德，还包含着独到的道德修养方法。比如，儒家强调个体道德自觉和内在道德功能，认为道德修养是来自于个体自愿自觉的修为，也就是“为仁由己”，通过“吾日三省吾身”“知行合一”“慎独”等道德修炼方法，达到“人皆可以为尧舜”的崇高道德境界，体现“吾欲仁，斯仁至也”。

（四）文化与第二语言教学中的文化

文化作为一个高度复杂的概念。本书研究对象为第二语言教学中的文化，因此该“文化”必须与第二语言教学结合起来，对文化的认识也便与对语言及其教学的认识密切相关。

在第二语言教学中，语言在传统上理解为符号系统，学习第二语言是学习另一套结构编码方式，因此，学习目的语文化，就是学习该语言使用者的历史、地理、文学等事实知识。随着对语言外部信息的关注渐渐深入，语言理解为功能系统，其交际功能得到加强，文化也因而理解为语言使用的社会背景信息，语言结构、交际功能、文化背景成为第二语言教学的框架。当前，语言理解为社会实践，是意义的阐释、理解、创造、交换过程，语言“比单纯的语法结构系统或语言使用多得多，它被理解为人们之间的交际互动中的参与者”，交际是“跨越语言和文化的意义交换……不仅涉及行为，还包括与各类人阐释和产生意义的交互过程。用其他语言进行的这一交际，意味着进入一个新的意义世界，而不离开其自身的第一语言获得的世界”（Arens，2010）。在这样的认识下，文化就不再是独立于语言的知识体或交际背景信息，而是一种学习者亲身参与的理解与实践过程。

二、对外汉语教学

（一）对外汉语教学

从1950年成立的清华大学“东欧交换生中国语文专修班”接收新中国第一批留学生开始，面向来华外国留学生的“对外汉语”教学便走上了不断发展的道路。20世纪80年代初，“对外汉语”更是作为学科专业命名确定下来。进入21世纪，伴随着中国经济的迅速发展、中外交流的不断增多，汉语学习在全球范围内掀起了一股热潮，汉语出现了“对外化”趋势，“对外汉语教学”一词也应运而生。王路江（2003）认为，“对外汉语教学”指的是在中国本土进行的对外汉语教学以及国外所有的汉语作为第二语言教学。本书使用此名称不仅用以界定汉语教学的发生场所，还会关涉教学对象的对外化语言背景，即在中国本土及海外进行的面向母语非汉语者的汉语教学。

（二）第二语言

上文所述“对外汉语教学”是随着时代变迁、学科发展而产生的新兴名词，而在学术研究领域，与国外的第二语言研究发展相应，汉语作为第二语言研究一直方兴未艾。为了更方便借鉴与衔接海内外研究，本书也使用“汉语作为第二语言”概念。

“第二语言”这一概念因观察角度不同，而有不同内涵。从语言学习时间先后的角度看，“第二语言”是指“在获得第一语言以后再学习和使用的另一种语言”；从语言学习环境的角度看，“第二语言”是指“在该语言使用的环境中学习的目的语”。与“第二语言”相关的概念还有“外语”，是指“外国的语言”或“不在

其使用环境学习的目的语”[①]。

以语言环境区分“第二语言”与“外语”是有意义的，毕竟，环境是语言学习与使用的重要因素。但是，这一区别方式并非时时处处有效。例如，在北美一些大城市的中国城内，汉语某种方言或普通话往往超越了当地官方语言而成为强势语言，由于具备汉语的使用环境，所以在此地母语非汉语者学习汉语可以称为“第二语言”学习；但同时汉语又是别国语言，可称为“外语”学习。由此，两个术语含义产生交叉，区分的意义便不显著。另外，更为普遍的情况是，借助互联网及移动通信技术，语言学习和使用的环境可以轻松超越地域限制。早在多年前便“出现一种用‘第二语言’取代‘外语’的趋向”，这是将“第二语言”广义地理解为“任何一种在第一语言获得以后学习和使用的语言，包括外语”（刘珣，2000）。

本书在引用已有文献时，尊重其关于第二语言或外语的特定说法，其他情形均取广义理解，即以学习时间而非语言环境来区分，因此，汉语作为第二语言，即在获得第一语言后学习和使用汉语。汉语作为第二语言学习者的第一语言为汉语以外的其他语言，其汉语学习活动可以在中国境内，也可以在中国本土以外。

采用这一广义的“汉语作为第二语言”，除了适应上文所述的时代发展趋势，同时，还具备两点意义：一是避免使用“对外汉语”一词引起的质疑。“对外汉语”是指“对外国人的汉语教学”（《中国大百科全书》，转引自刘珣，2000；赵金铭，2004）。这一名称应用广泛，但同时也引起了质疑，主要体现在两方面：汉语只有一个，无分内外；对海外学习者而言，谈不上“外国”或者“外国人”。因此，近年以“汉语作为第二语言”代替“对外汉语”的情况非常多见。二是有利于开展研究。杨庆华（1995）认为，对外汉语教学的学科性质“是一种第二语言教学，又是一种外语教学”。由于语言教育理论的共性，一般意义上的外语教学与学习理论大多适用于汉语作为第二语言教学与学习。

① 刘珣．对外汉语教育学引论[M]．北京：北京语言大学出版社，2000：126.

第三节 研究综述

一、国外第二语言教学中的文化教学研究

文化教学的内容与对“文化”的认识、对文化学习与语言学习的关系认识变化有关。第二语言文化教学内容的变化，大致经历了四个阶段。

第一个阶段是大 C 文化转向小 c 文化内容。50 年代前，文化视为人类文明的精华，因此文化教学的内容关注文学、艺术、历史、地理等，这些文化内容称为“奥林匹斯文化”或“MLA 文化”（即音乐、文学、艺术，Brooks，1971）[①]，也称大 C 文化、正式文化或精华文化。随着人类生活的方方面面都被视作文化，教学内容也开始包括“炉底石文化”或称“BBV 文化”（即信仰、行为、价值观念，Brooks，1971），这类文化也称非正式文化或“小 c 文化”。上文提到的大 C 文化用“Best”来形容，而此处小 c 文化则用“All”来形容。从这两个形容词的使用也可看出对“文化”的认识不同。从大 C 文化转向小 c 文化，是基于两点认识，首先，文化不是一系列事实的清单；其次，文化也不仅仅限于艺术、文学、音乐、历史和地理。从大 C 文化到小 c 文化，文化教学的范围产生了变化，人们认识到了文化涵盖一切，并且具有不同层次；但是，从教学方式来说，强调的仍然是知识的传递。

第二个阶段是教学重点转向交际文化内容。随着社会语言学研究的发展，第二语言教学对交际进行了更多关注。自 20 世纪 70 年代开始，交际情景在第二语言教学中受到前所未有的关注，“交际法”逐渐成为第二语言教学的主流方法，其目标是在所学语言的文化背景中进行恰当的交际。受此时期教学理论的影响，

① Nel Nodddings and Laurie Brooks. *Teaching Controversial Issues: the Case for Critical Thinking and Moral Commitment in the Classroom*[M]. Teachers Colleage Press，2017，p1.

对外汉语教学引进了句型教学，又继承了以往重视语法教学，重视利用学生母语的教学传统，形成了一个以“结构”为纲兼顾传统法的综合教学法。另外，本阶段在加强语言技能训练方面开展了一些教学试验，如直接用汉字教语音和汉字教学提前的试验，分听说和读写两种课型进行教学的试验，改革精读课、加强听力和阅读教学的试验等。但研究范围仍显偏狭，未上升到学科建设的高度，局限于教学原则和课堂教学的范围之内。

第三个阶段是出现跨文化交际内容。从 20 世纪 80 年代开始，跨文化交际研究突飞猛进。跨文化交际研究成果表明，学习者的能力由三个层次构成：知识层面、行为层面、意识层面。以往第二语言文化教学注重的是知识层面和行为技能层面。受跨文化心理学发展的影响，第二语言教学及文化教学对学习过程、学习者意识变化及自身成长的关注愈加重视。文化不再仅仅被理解为一系列知识的集合，而是一种动态过程（Paige，2003）。文化被纳入一个更大范围的解释框架，并与之建立联系，学习者需要了解的不只是文化知识及相应的交际技能，更有对这一联系的理解及实践。Kramsch（1983）认为虽然外语教师已经转变了植根于行为主义的语言教学方式，但是在文化教学上仍然采用行为主义的方法。如果学生仅仅积极地接触或熟悉另一种文化，可以说是在一个旅行者的水平上，还会保持他们的美国观念。文化学习是一种人际交流过程，而不是提供文化现象；文化也不是附属于听、说、读、写之后的第五技能，而是一直处于背景之中，学习外语不只是学习如何交际，交际需要理解，而理解需要站在别人的立场。Heusinkveld（1985）同样不赞成仅仅学习文化事实，认为“最坏的是，学生容易得出结论，一系列文化事实的机械记忆等同于获得文化观念和敏感性”（转引自 Muirhead，2009）。

文化不是事实的堆积，“人们的历史、经历、行为、传统、语言、信仰反映在文化观念中”，文化“代表着看待世界的不同方式，不能分解成了在第二语言中有竞争力而要学习的项目列表”（Inglis，2004）。每一种文化具备其独特的看待世界的方式，因此，学习另一种文化就意味着用与自身不同的另一种观念去看待世界。Nostrand（1988）认为通过文化学习，要“教会学生认识到价值观、思维习惯、可预知的行为并对此做出相应反应”。Kramsch（2002）同样支持对隐藏于文化背后的观念的理解。

在这一时期，文化学习强调的是观念和意识的获得，这既包括对目的语文化的观念和意识认识与了解，同时也包括学习者自身文化观念和意识的成长转变。认识了解目的语文化的观念和意识，需要建立文化现象与该文化观念系统的联系。事实上，早在1967年，Nostrand便在其文化清单中试图将文化现象与社会文化系统结合起来，使用基本的文化主题作为把握该系统的“把手”。从知识到技能，从技能到观念与意识，是静态到动态的转变，也是从关注客体到关注主体的转变。

第四个阶段是强调作为第二语言学习背景的多元文化内容。进入21世纪以来，世界各国随着交流愈加广泛深入，对第二语言学习的要求越来越趋同化。在这一时期，第二语言文化教学延续了20世纪八九十年代对学习者自身观念与意识成长的关注，同时在内容上又出现了新的特点。

首先，强调全球性。全球化交流的日益增强，既促进了第二语言教学，也对第二语言教学提出了更高的要求，Block和Cameron（2002）呼吁语言教育及应用语言学提高社会政治意识。当前第二语言教学标准大都强调全球视野，“欧洲外语教育由国家公民到欧洲公民，经济超越了政治”（Kramsch，2005），在此理念下制订的《欧洲语言共同参考框架》便强调欧洲各国间乃至欧洲与世界其他地区间的语言文化交流。此前出版的美国外语学习国家标准提出的5C目标之一“社区”，要求学生在多语言多文化的社区中学以致用。在这样的背景下，学习者不再以个人的身份出现，而是与整个社会联系起来，其所接触或学习的文化也不再仅仅是自身文化与目的语文化，而更加复杂。

其次，强调多元性。语言及文化的多元性早就受人关注，近年来多元的概念有所深入，《欧洲语言共同参考框架》提出了“pluralism”的概念，Kramsch（2008）认为语言与文化的多元（pluralism）并不仅仅是几种语言的并存，而主要是超越边界的价值观的跨文化循环，包括身份协商与转化，甚至创造新的意义。跨文化

的教学不是两种或几种文化的简单相加，而是共生基础上的融合与创新。

最后，强调背景化。在过去的第二语言教学中，把文化作为知识，或者把文化作为技能，都源于语言工具观这一认识，即语言是交际的工具，而文化学习同语音、词汇、语法等语言要素学习一样，是实现语言工具作用的保证。因此，文化是语言学习的对象之一。但是，随着对语言学习过程及学习者自身成长认识的更加深入，人们认为，第二语言学习的过程也是文化习得的过程，学习者不只是学会一门第二语言、获得一些与该门语言相关的文化知识和技能，完成交际甚至是“成功”的交际并不是语言学习与使用的唯一结果，在母文化与异文化的交流与碰撞中，学习者获得的是与两种文化都不相同的“第三位置”（Kramsch，1993），学习者个人与多元文化的外部环境间是一种语言生态关系，在环境中形成特定语境，学习并使用语言（Kramsch，2008）。第二语言学习不只局限于人际交往，而应放置在一个更宏大的背景之中，文化不再是作为对象，而是成为语言学习和使用的背景，学习者在这样的背景中潜移默化地学习、使用语言和文化。

美国与欧洲第二语言文化教学内容的变化过程大致如上文所述，然而由于政治、文化、历史传统的不同，欧洲另有自己的一些特征：一为更突出的跨文化特征；二为欧洲公民意识。

欧洲地区受地理因素和历史传统的影响，人员流动向来比较频繁，而20世纪90年代开始，更是产生了大规模的移民潮，多元文化问题越发受到人们的注意。“文化不再是国家问题，而是关系到种族、宗教、阶层以及性别身份，跨文化学习在人文教育传统悠久的德国尤为突出”（Kramsch，2005）。如上文所述，语言教学中的跨文化层面正是出现于20世纪80年代末的欧洲教育界，跨文化教育的目标是更好地了解欧洲其他国家语言使用者。由于第二语言学习强调跨文化交际双方的互动，关注学习者在第二语言学习与交际活动中的发展，因此，学习者本身成为第二语言教学活动的重心，而不再仅仅是其学习的语言。

由于欧洲语言政策带有比较浓厚的官方色彩，采取的是自上而下的改革措施，因此，其语言教育也便和政治经济社会背景结合在一起。欧洲第二语言教育的目标是在共享价值观的基础上,让欧洲人具备“欧洲身份”的意识,继而提炼为“欧洲公民”意识,最近又加强了跨文化因素,强调“跨文化公民”意识(Byram,2008)。这就要求更深入地关注欧洲地区丰富的语言与文化资源,强调不同文化间的互动。对“欧洲公民”这种“身份”意识的强调,以“欧洲”为界,体现两个层次的独立与融合的统一。首先是在欧洲内部,欧盟各成员国需要保证其独立性,保持并发展各自的语言与文化,才能实现“欧洲”的存在。同时,在此基础上进行跨文化的交流,保证欧洲内部各国间自由流通,实现非政治概念的融合。其次,在欧洲以外,即全球范围内,欧洲公民能够以独特的身份参与全球化沟通。这种不同层次的独立与融合的统一,必然深刻影响到语言文化的教学与学习。

二、国内对外汉语教学中的文化教学研究

依照张英(2004)的观点,对外汉语教学涉及两种文化教学,一种是“对外汉语教学中的文化教学”,另一种是“对外汉语文化教学”,二者是“两个内涵和外延并不相等的概念”。“对外汉语教学中的文化教学担当的任务是以语言层面的文化任务为主。”“对外汉语文化教学担当的任务则是以文化认知即了解和理解文化为主。”

程棠(2008)持有与此类似的观点,他认为:“在具体教学中,我们要把两种不同性质的文化教学区别开来。一种是外语教育中为学生设置的文化课的文化教学,一种是语言课内的文化内容或文化因素的教学。文化课的文化教学以传授文化知识为目的,教学方式主要是教师讲授,而不是学生的技能训练。语言课内的文化内容或文化因素教学,主要目的是培养学生的交际能力,教学方式是跟语言技能训练和交际能力的培养紧密结合,而不是知识讲授。根据教学的特点和性质,前者属于理论教学的范畴,后者属于第二语言教学的范畴。”这两种表现形态的文化教学存在已久,而以上两位研究者的贡献在于从理论上将其进行区分。从教学内容来说,对外汉语文化知识课的教学内容一般没有太大分歧,大致包括中国历史、地理、哲学、文学、经济、政治、节日风俗等。

而对外汉语教学中的文化因素教学内容,总体而言,正如毕继万、张德鑫

（1994）总结的关于对外汉语教学中文化教学内容的两点代表性看法："（1）（认为主要是）探索和介绍外语词语的文化背景。如王德春列出七种反映我国特有事物和概念的词语或具有特殊民族文化含义的词语。（2）从跨文化交际角度出发，采用汉外对比的方法揭示对外汉语教学中的文化因素。"虽然该文出版于1994年，但直至今日，"文化背景"和"汉外对比"仍然是绝大部分研究文化教学内容的论文的主体。

关注汉语本身所包含的文化因素，形成了关于"交际文化"的讨论，各家对这一概念的内涵和外延看法各异。张占一首先提出"交际文化"的概念，将其定义为："两种不同文化背景熏陶下的人，在交际时，由于缺乏有关某词、某句的文化背景知识而发生误解。这种直接影响交际的文化知识，我们就称之为'交际文化'。"后来又于1990年对此定义进行修正，加入非语言交际因素。赵贤洲（1989）认为，交际文化是指"两种文化的人进行交际时直接发生影响的言语中所蕴含的文化信息，即词、句、段中有语言轨迹的文化知识"，并通过汉外比较，列举了12个存在文化差异的方面。吕必松（1990）认为，交际文化"可以理解为隐含在语言系统中的反映一个民族的价值观念、是非标准、社会习俗、心理状态、思维方式等的文化因素"，并于1999年陈述影响语言理解和语言表达的文化因素："多半是隐含在语言的语音系统、词汇系统、语法系统和语用系统中的反映一个民族的心理状态、价值观念、生活方式、思维方式、道德标准、是非标准、风俗习惯和审美情趣等等的一种特殊的文化现象。"这一陈述将文化因素的存在和表现形式都阐述得更为全面了。周思源（1992b）认可探讨交际文化对提高学生语言交际能力的贡献，但是质疑"交际文化"与"知识文化"的分类方式，并反对将"交际文化"烦琐化，避免对"交际文化"不适当的强调。

陈光磊（1992）把语言本身包含的文化分为三类：（1）语义文化，即一种语言的语义系统包含的文化内容和体现的文化精神；（2）语构文化，即与语言结构相关的文化，如语言中词、词组（短语）、句子以及语段（句群）乃至篇章的构造所体现的文化特点；（3）语用文化，即与语用相关的文化，也即语言使用的文化规约。随后他又在《关于对外汉语课的文化教学问题》认为“汉语课中的文化教学内容，主要的、首先的就是这种交际文化”，该文将语义文化分成五个方面，同时认为这些研究“侧重于词语个体意义的文化内涵分析，未充分剖析词语语义搭配、句义乃至语段义等的文化特性”（陈光磊，1997）。上述这些对汉语文化因素的研究，都是立足于作为交际工具的汉语本身，从汉语各个级别、各个层面的构成单位出发，挖掘语言背后的文化。

孟子敏（1992）的研究突破了语言中的文化因素，他将交际文化定义为“干扰另一个文化群体成员与本文化群体成员之间的交际行为的一系列规范或准则”，并在文中对交际文化进行了比较细致的分类。

魏春木、卞觉非（1992）研究基础阶段文化导入的内容，分为文化行为项目和文化心理项目两大类，又往下逐层细分出不同的文化项目共 114 项。这一分类细目表与上文提到的孟子敏的交际文化内容表可以看作文化教学内容的总纲。

由于文化教学受到前所未有的重视，为了避免误入歧途，程棠（2008）提出语言本身所包含的文化内容的教学应该注意两个问题：“第一，不要唯文化论，我们注意的焦点是那些在跨文化交际中因文化差异容易带来理解困难和容易造成交际障碍的语言现象及其所体现的文化内容。第二，要遵循语言教学的规律。我们上的是语言课，而不是语言理论课。我们用文化语言学、语义学、语用学等学科的知识来指导语言交际能力的培养，更好地排除交际上的文化障碍，而不是讲解文化语言学、语义学或语用学等学科的理论。”避免这两个问题是必要的，但还远远不够，即使把重点放在交际障碍上，仍然局限在语言本身。

在过去近三十年中，对外汉语教学中的文化教学内容基本都是以影响语言交际的文化因素为中心，这一点引起了质疑。亓华（2003）认为，知识文化与交际文化的二分法本身就存在不科学性和不完全性，而且“交际文化研究的对象不是作为交际主体的外国留学生的跨文化交际问题，而是带有文化差异的汉语字、词、句等语言要素的文化因素，实际上是语言要素中含有的影响交际的文化意义。尽管这一研究非常必要，且已取得了较大的成果，但由于课堂上教学时间和语言操

练方式的限制，这类文化知识难以、也不能在教学中充分展开”。亓华认为“作为交际主体的外国留学生”相比“语言要素的文化因素”更为重要。这一认识是非常重要而有价值的。

在多元文化环境下培养跨文化交际能力，是当前国际第二语言教学的主流。在这种观点下，文化教学的内容也与先前大有不同。最突出的一点是更关注语言学习的主体即学生，而不仅仅是语言学习的客体即语言。因此，从学习者角度出发，跨文化意识（而非文化知识）的教与学以及学习者自身的成长，成为文化乃至语言教学的重要任务。

如前文所述，本书中的“第二语言”采用比较宽泛的定义，“汉语作为第二语言”既包括在中国境内进行的“对外汉语”教学，也包括在海外进行的汉语教学。因此，汉语作为第二语言文化教学事实上也包括了这样两种情况。海外汉语教学近年发展迅速，国家汉办为了适应新的形势，推出了一系列国际汉语教学相关标准，其中既包括汉语能力标准和教师标准，也包括内容标准即《国际汉语教学通用课程大纲》。2022 年，教育部中外语言交流合作中心编纂并发布了《国际中文教育用中国文化和国情教学参考框架》，对中国文化和当代国情的教学内容和目标进行了梳理和描述，对海内外大中小学、孔子学院（课堂）和其他中文教学机构在文化课程设置、课堂教学、教材编写、学习者文化能力测评等方面提供了参考和依据。此举不仅促进了国际中文教育的标准化与专业化发展，也加深了全球学习者对中国文化的理解与认同，推动了中外文化的深入交流与互鉴。

文化视域下对外汉语教学的意义

在全球经济一体化的背景下，西方的强势文化进入中国，同时中国的流行文化也开始走出国门，中华文化正在全球传播，形成为了一种流行文化的趋势。有人将中国流行文化趋势界定为“华流”。在留学生的眼中，流行文化就代表了中国的形象，就好像我们今天从美国的流行文化看美国的形象一样。文化元素能够激发学生主动学习的兴趣，从而深入研究中国文化和汉语，这就好像我们喜欢一部美国电影的台词，而加深了对于英语的理解一样，因此，从文化认同的角度来讲，文化元素的植入对于对外汉语的教学是有着重大的促进意义的。

第一节　留学生汉语学习需要文化教学

对外汉语教学作为国家教育事业的重要组成部分，在世界范围内推广中国文化以及促进国际合作与文化交流方面，发挥着越来越重要的作用。随着世界逐步进入信息时代、知识经济时代、经济全球化时代，我国经济的飞速稳步发展，国际地位的日益提高，全方位对外开放的格局已经形成。在这种情况下，想学汉语的外国人越来越多。在国内，对外汉语教学事业发展迅猛。

据统计，目前全世界有 85 个国家的 2100 多所大学在教授中文。在东邻日本，有约 100 万人在学习汉语，95% 以上的日本大学都将汉语作为最重要的第二外语。在韩国，开设中文系的大学已增至 200 多所，开设汉语课的中学达 120 余所。① 在美国，汉语已成为第三大使用语言，全美将汉语作为公共外语课的大学已超过 700 所，另有 300 多所中小学也开设了汉语。由此可见，在世界范围内学习汉语的人数增幅之快，令人震惊。

在这个日益紧密的全球化世界中，我们的生活方式、思维方式甚至价值观都在不断地被重塑。文化融合与地域跨越成为这个时代的重要特征，它们既带来了无限的可能性，也带来了前所未有的挑战。

一、汉语语言中蕴含着丰富的文化内容

汉语是世界上最难学的语言。根据联合国教科文组织官网公布的“世界上最难学的十大语言排名”中，汉语位于第一。汉语是世界上最古老四大文字之一。② 其他三类古老文字是：楔形文字，苏美尔人所创造；圣书字，古埃及人创造，又

① 张美．弘扬中华优秀传统文化，创新对外汉语出版 [J]. 出版广角，2019，11(30):23-25.

② 姜宇航．“一带一路”助力对外汉语传播的逻辑与路径 [J]. 传播与版权，2022，9(24):41-42.

称埃及象形文字；玛雅文字，美洲玛雅人创造。但是，这三类古老的文字均已相继成为历史的陈迹，唯汉字独存。也就是说，世界上最古老的、还在使用的文字，只有汉字。几千年的文化都凝聚在汉语文字之中。越是深奥的语言，文字越是难学，也越难理解。

汉语是世界上唯一还在使用的表意文字。表意文字是一种图形符号，只代表语素，而不代表音节的文字系统，即一个文字表达的是意思，而不是发音。

（一）汉语言文学

在众多大学专业中，汉语言文学无疑是最具吸引力的学科之一。它不仅涵盖了深厚的历史文化底蕴，还涉及语言学、文学、哲学等多个领域。这个专业能让你深入了解中国的历史文化，感受汉语的独特魅力，同时也能培养你的批判性思维和表达能力。汉语言文学专业以中国语言文学为核心，包括了古代文学、现代文学、写作、比较文学等多个分支。通过学习古代文学作品，能领略到中国传统文化的深厚底蕴。从《诗经》《论语》到唐诗、宋词，这些经典作品都是中华民族的瑰宝。同时，现代文学作品也反映了社会的进步与发展。从鲁迅的短篇小说到巴金的散文，每个时期的文学作品都承载了时代的记忆。

文学是人性的表现。在汉语言文学的学习过程中，学生会接触到各种各样的人物形象。他们有的乐观向上，有的悲观消极；有的慷慨激昂，有的低调内敛。通过观察这些人物，学生能更深入地理解人性的复杂性，提高人际交往能力。汉语言文学专业不仅注重学生的阅读和写作能力，还注重培养学生的批判性思维。通过对经典作品的分析与解读，学生能学会如何从多角度看待问题，形成自己的独特观点。通过写作训练，学生能提高自己的文字表达能力，清晰地表达自己的思想感情。

在全球化的背景下，汉语言文学专业也为学生提供了跨文化交流的机会。通过学习汉语言文学，能了解中国的历史、文化和思想，为跨文化交流打下坚实的基础。同时，这个专业也鼓励学生参与国际交流项目，为学生提供与全球各地学生交流的机会。汉语言文学专业为每个学生提供了发展个人兴趣的舞台。无论是喜欢古代诗词，还是现代小说，甚至是对哲学、社会学等感兴趣，都能在这个专业中找到自己的位置。汉语言文学专业鼓励学生的个性化发展，培养具有独立思考和解决问题能力的人才。汉语言文学专业的学生在毕业后可以在各个领域找到工作。大家可以在教育、出版、媒体、文化传承等领域发挥自己的专长。同时，随着中国在全球的影响力不断提升，对外汉语教师、翻译、文化传播等职业也受到更多关注。这个专业的毕业生具备深厚的文化底蕴和广阔的知识背景，为未来的职业生涯奠定了坚实的基础。

（二）对外汉语教学

很多人认为对外汉语教学容易得很，似乎会说中国话就能教汉语。这是一种认识误区。如果仅仅教外国人几句中国话当然不难，但是能使外国人喜欢学中文，在短时间内熟练地掌握汉语，能把汉语当作交际工具使用，这种认识就大错特错了。中国人会说汉语，但是不等于了解汉语，更不等于会教汉语。语言教学虽然有共同之处，但是对外汉语教学又有自己独特的规律和教学法体系。很多外语专业的教师在教对外汉语的时候，往往习惯依赖学生的母语进行教学，但是对汉语的讲练不足，不注意培养学生汉语思维的能力。有的老师习惯把英语教学的东西套到汉语上来，比如把“更”解释为形容词比较级，还有把动态助词“了”解释为类似英语的动词过去式。这样讲学生不可能准确掌握汉语的用法。

对外汉语教学是汉语作为第二语言的教学，其根本目的是培养学习者利用汉语进行跨文化交际的能力。语言教学与文化教学的统一性，是对外汉语教学的根本特点。如果在教学中单方面地学习语言，而没有与文化结合，学生学习起来会非常困难，不容易理解词的含义，学习效果差，出现学生学不下去的现象。

语言和文化是密不可分、相互影响的，文化教学也是整个对外汉语教学中不可缺少的一部分。那么如何才能有效地进行文化教学呢？一是教授难度适中的内容。汉语本身就很难学，在传播汉文化时更要注意回避那些生涩的文化元素，比如婚丧嫁娶习俗等。适当导入一些充满活力的，大家都感兴趣的文化元素，比如春节、特色美食等。二是与文化相融合。文化教学不能独立于语言教学之外。教

师应当培养自己的文化意识，了解来自不同国家文化禁忌，避免文化冲突。三是结合现实需要。文化教学一定要与生活息息相关。首先，要与日常生活紧密相关的衣、食、住、行、用等方面的风俗习惯。其次，要考虑到学生的兴趣。有些学生一到中国就爱上了中国美食；也有学生可能就喜欢传统文化，像是茶文化、京剧、书法等。

东方文化与西方文化有着本质的区别。中国传统文化比较重视人与自然、人与人之间的和谐与统一的关系，而西方文化比较重视人与自然、人与人之间的对立和斗争的关系。留学生来自世界各地，有着自己的文化，在价值观、人生观方面与东方文化是不同的，所以学生在学习过程中自然地与自己本身的文化进行比较进而去理解。比较当然是好现象，但是以留学生本身具有的价值观、人生观等思维方式去理解中国文化会产生混乱，并且解释不通。对外汉语教学的目的是培养留学生汉语应用能力，这一能力离不开对中国文化的了解，因此需要结合语言与文化进行教学。

多媒体是提升教学效果的有利技术手段，是教学上不可缺少的好帮手。在实际对外汉语课堂教学过程中，要对其加以充分利用，提升教学质量。传统的以灌输为主的教学方法教学质量差，学生往往是被动地接受而非主动地学，老师一味地教，通过书和黑板两种主要媒介向学生灌输，课堂呆板，死气沉沉，很难真正养成学习的兴趣。现阶段，越来越多的对外汉语教学都抛开了这种传统的教学方法，转而采用多媒体激发学生学习汉语的兴趣，更加注重对学生听、说、读、写等各个方面的能力的训练，从而为学生营造一个更加良好的学习环境，使学生能够在实际语境中轻松快乐地学习英语。多媒体教学新颖生动，而且具有极强的感染力，能够有效激发学生的学习兴趣，提高学生自主学习的积极性，进而打破时间和空间的限制，化静为动、化繁为简、化虚为实，使枯燥的知识趣味化，使抽象的语言生动具体起来，帮助学生更好地加深对知识的理解、巩固和记忆。

从事对外汉语工作，我们首先要掌握现代汉语方面的知识，也要掌握一些中国文化，像我们的风俗礼仪、太极、国画、民族乐器等，还必须掌握对外汉语教学的课堂教学法。教学法在对外汉语教学中极其重要。大家知道对外汉语教学内容很简单，特别是初级阶段的教学，但是怎么教却大有学问，直接关系到教学效果。我们在对外汉语教学的时候，不是一种知识的传授，不需要妙语连珠，要做的是什么呢？就是千方百计让学生开口说话，因为对外汉语教师的任务就是要让学生多说、说好。有句话是这样说的，课堂教学是一门艺术。教材就是剧本，学生是演员，老师是导演。有了好剧本，还需要好导演，才能让演员演出有声有色的戏剧来。

所以，对外汉语教学不仅是让学生掌握一种语言，更应注重教学中的文化因素，使学生通过语言更深层次地了解中国传统文化，真正达到知华、爱华、亲华的学习效果。

二、文化是影响学生汉语学习的重要因素

作为一种交际与思维的工具，语言本身与文化存在着密不可分的联系。它既是文化的载体，同时也是文化的一部分。这就使得语言的学习必须结合该语言背后的文化展开。

（一）文化因素对对外汉语教学的影响

结合相关文献资料与著者自身实际调查研究，将文化因素对对外汉语教学的影响概括为“人文”特质影响、“多元化形态”的内容影响、兼容并蓄的思想影响三个方面。

1.“人文”特质影响

“人文”特质影响主要源于中华文化中独有的“人文”思想。其本身有别于西方社会“人生而平等、自由、独立”的思想认知，这自然就使得对外汉语教学将受到较为深远的影响。语言既是文化的载体，也是文化的一部分，而结合这一认知，我们能够较为直观发现“人文”背景下对外汉语语言教学所受到的影响。“狗拿耗子多管闲事”就属于这一影响的最好体现。这一词汇蕴含的中国文化狗的“人文含义”直接考验着汉语学习者对中国文化的把握，不过，这种考验虽然给相关学习者带来了较大挑战，但中国文化、汉语的魅力往往也能够在这种挑战

中得到较好发挥，这自然使得对外汉语教学中学生学习汉语的兴趣和内动力得到较好激发。

2.“多元化形态”的内容影响

“多元化形态”的内容影响也是文化因素对对外汉语教学影响的重要组成。这里的“多元化形态”主要来源于我国历史演变与地域性差异，而不同时代、不同地区的文化思想与文化成果则属于这一“多元化形态”的具体表现，这些文化发展中的宝贵成果和精神财富会对对外汉语教学产生影响也就不足为奇。虽然“多元化形态”本身属于一个较为抽象的概念，但将这一概念与对外汉语教学结合无疑能够较好提升教学本身的“文化品位”。近年来，各类对外汉语教材中添加的中国传统节日、传统民间习俗等内容就是“多元化形态”影响的最直观体现，而如果能够实现“多元化形态”与对外汉语教学的更好结合，“文化品位”的提升自然就将为外汉语教学的展开提供有力支持。

3.兼容并蓄的思想影响

兼容并蓄思想所带来的对外汉语教学影响也必须引起我们重视。纵观中华文明历史不难发现，中华文化本身具备着较为突出的开放性，几千年前的“夷入华则华”早已对这种中华文化的吸收和包容性进行了较好描述，这种文化的自省和自律精神也是中华民族能够长久屹立于世界民族之林的保障，对外汉语教学受到这一兼容并蓄思想的影响也就不足为奇。在兼容并蓄的思想影响下，我国对外汉语教学的教学理念与教学思想不断进步，这就使得对外汉语教学质量不断实现提升。中国姓氏文化融入对外汉语教学中，结合中国名胜古迹的对外汉语教材出版、中国传统节日与对外汉语教学的深入结合都属于兼容并蓄思想影响的具体表现，而这种兼容并蓄思想下的对外汉语教学发展就使得东西方文化交流获得了重要的平台与媒介，由此可见兼容并蓄思想在对外汉语教学影响中的重要性。

（二）结合文化因素开展的对外汉语教学

结合上文内容，我们较为全面了解了文化因素对对外汉语教学的影响，而结合这一认知，我们能够了解到对外汉语教学中的文化因素与文化知识并非同一个概念，但在著者的实际调查中发现，我国当下很多对外汉语教材往往并不能较好实现对这两种认知的区分，这就使得各类文化知识虽然大量充斥于对外汉语教学中，对外汉语教学的有效性却并没有实现明显提升，这就是忽视文化因素所引发的后果，为此著者建议我国相关机构不断提升文化因素在对外汉语教材中所占的比例，并保证对外汉语教师能够摒弃传统的教学方法，这样才能够保证文化因素较好服务于对外汉语教学，我国对外文化交流也将由此实现更好展开。

三、文化教学有助于激发学习动机和兴趣

学习一种语言，不单单是学会其语音、词汇与语法知识，而必须同时学习有关国家和民族的历史文化传统和社会风俗习惯，这样才能真正掌握这种语言的精髓，保证正确理解和运用这种语言。我们认为在外语教学中进行目的语国家的文化教学主要受三大因素的推动：一是现代语言学的发展，突破了“就语言而研究语言”的模式，也改变了人们“就语言而教语言”的传统做法；二是语言与文化研究及其相互关系受到普遍重视，进一步加深了人们对语言及语言教学特征的认识，在语言教学的同时进行相应的文化教学已成为现代教育的一种新的理念；三是外语或第二语言教学理论的普及和深化，使人们对外语或第二语言的学得和习得已成为语言学得和习得理论体系中不可缺少的重要内容。如果我们能在教学中积极主动地进行文化教学，那么通过教学双方共同的努力就可以对学生和教学效果产生双重的效应。

（一）文化教学可以优化学生的知识结构

我们知道，文化教学通常是通过所学语言本身向学生传授文化知识的，学生可以通过语言获取所学语言国家的人文、地理、历史、政治经济、教育、文化、社会制度、生活方式、风土人情、社会传统、民族习俗、社交礼仪以及民族心理、伦理道德、行为规范、传统观念等一系列知识，从而使学生的知识结构发生优化。例如，在汉语教学中，教师可以结合中国地理知识，如长江、黄河、四大发明等，介绍相关历史事件和人物，帮助学生建立地理与历史的联系，从而优化学生的知识结构，形成对中国文化的全面认识。再比如，在汉语教学中，通过汉字的起源、

演变和书写方式的学习，让学生了解汉字的文化背景，体会其独特的美学价值，进而深化对中国文化的理解和认识。

（二）文化教学可以优化学生的能力结构

文化教学致力于外语教学交际文化各因素的揭示，给外语教学诸如语构、认知、语用等交际文化知识，以及体态语、社交礼仪、交际环境、交际方法、交际态度等方面的非语言文化知识,这无疑能有效地促进学生跨文化交际能力的生成。尤其是语言文化因素的教学，使学生在解决说什么的问题后进一步提升其语言的实际能力，防止和克服“社交语用失误”，及因不了解谈话双方背景差异而影响语言形式选择的失误，有效解决怎么说、怎样说更得体的问题。此外，文化教学还可以解决话语行为的准确度问题，并对交际模式的选择、话语结构的优化、个人言语行为的提高也都有直接的影响作用。这方面的例子不胜枚举，如在学习汉语的过程中，外国学生可能会因不熟悉中国文化中的尊称习惯，错误地使用名字来称呼长辈或教师,忽视了“老师”这一尊敬且正式的称谓。在中国社交场合中，这样的称呼可能会被视为缺乏礼貌和尊重，恰当的称呼则能体现对对方的敬意，促进和谐交流。

（三）文化教学可以提高学生的社会文化悟力

文化悟力是透过语言的外表进而对语言所反映的内容的综合理解能力。我们在对外汉语教学实践中经常听到学生这样说：我的听力不好，我的阅读能力差，我记不住生词等。实际上，一个人能否听懂一段话、读懂一篇文章和有效地记住所学的生词，并不完全取决于其听、读以及记忆的能力和技巧。在这个“力”之外，有一个重要和十分关键的因素——社会文化能力和文化悟力问题。显然，文化教学的性质恰恰是以培养文化悟力即社会文化能力为出发点的。从另一个角度讲，对外汉语教学的目的是培养汉语学习者的跨文化交际能力，而文化悟力本身就是一种交际能力。所以，培养文化悟力亦即培养跨文化交际能力，前者是后者必备的基础和条件。例如，当被夸奖时，外国学生学会了用“哪里哪里”或“过奖了”等表达来回应，而不是直接否认或过分谦虚。这种对交际语言的敏感性，使他们能够更准确地把握中国社交场合中的微妙情感和文化内涵。

（四）文化教学可以激发学生的学习兴趣

学习外语必须具有一定的学习动机，而动机又源于学习兴趣。对于这个问题，古今中外的教育家都有过不少精辟的论述。但是，我国传统的外语教学对此似乎还缺乏深度的认识和实践。心理语言学的基础理论告诉我们，兴趣是最好的老师，是学生学习活动的内驱力。然而，在汉语文化学习过程中，学生往往因学习内容的难度与自身水平不匹配、教学方法的单一性，以及文化差异带来的理解障碍等原因，导致学习兴趣的缺失，进而影响了他们的学习动力和效果。在这种情况下，培养学生的直接兴趣，即通过学习本身和知识内容引起的兴趣就格外重要了。实践证明，只有我们不断地改进教学方法，增加新的教学内容，将趣味性贯穿于整个教学过程中，才能引起学生的直接兴趣和无意注意。

1. 分享学习方法，增强学习效能感

积极干预的同时，在教学上不要急于求成，在教法上要循循善诱。重在指导学生的学习方法，切忌用短处比长处，反而要及时对进步进行表扬和鼓励。同时做出阶段计划，逐步培养学生的自主学习意识。

2. 从沟通开始，做到关心、理解

规律告诉我们，学习语言的过程，必然有一个自我反省的过程。老师都要让学生在学习的过程中，勇于“说”出自己的需求、观点。要做到这点就要先放心地让他们去做事情，引导他们做好事情，完成后及时肯定他们的能力，逐渐和学生拉近距离，增进师生感情。

3. 开阔学生视野，坚定努力方向

在对外汉语教学中，除了在课堂上教授语言之外，还要让学生意识到语言学习在持续时间和内容涵盖上的广度，并不是局限于课堂。要培养学生的学习兴趣，推动学生的求知欲望。灵活多变的学习方法可以让学生对学习产生极大的兴趣。单纯地追求分数必然给学生带来乏味而失去学习兴趣，导致学习动机丧失。

第二节　当今时代的发展需要文化教学

文以载道，以文化人。一个真正有前途、有力量的国家，必然有其灿烂的文明和辉煌的文化。在如今充满机遇和挑战的新时代，文化不再是后台的配角，已经成为台前的主力。在全面建设社会主义现代化国家的新征程中，我们必须重视文化的价值，做文化建设的主力军，激发文化活水的作用，让中华民族勇立潮头。

一、全球化背景下文化问题日益凸显

文化的定力和自信是促使青年人坚定地进行民族文化创造性转化和创新性发展的根基，是青年人在中国特色社会主义的道路上坚定不移前行的柱石。因此，坚定并提升青年人的文化定力与自信非常重要。对外汉语教师这一群体以青年教师为主，作为中华文化的传播者，其文化定力和文化自信的提升更为迫切。这不仅关乎他们自身的职业发展，更直接影响到中华文化的国际传播效果和国家形象的塑造。加强对青年教师文化定力和文化自信的培养，是确保他们在国际舞台上自信展现中华文化魅力的坚实基石。

实际上，西方人从中世纪末和近代早期对中国文化的称赞与追捧，到18世纪中叶尤其是19世纪以来对中国文化的贬斥与污名化，其评价发生了质的变化，这其中都与西方的利益追求有关。在中世纪末期，来到中国的旅行家或传教士们，对中国的评价往往是正面的。像13世纪末的意大利旅行家马可·波罗在其《马可·波罗游记》中，就盛赞了中国的繁盛昌明，使每一个读过这本书的人都无限神往。《马可·波罗游记》对欧洲人对东方的向往以及后来新航路开辟产生了巨大影响。这部作品描述了当时富饶的中国景象，激发了欧洲人对东方的热烈兴趣。它不仅打开了欧洲人的地理视野，也深深触动了他们的心灵，引发了一股东方热

和对中国的流行。这种向往和兴趣在接下来的几个世纪中持续存在，并对欧洲产生了深远的影响。这股东方热和对中国的兴趣导致许多欧洲人涌向东方，追求了解和学习东方文化。特别是在 16 和 17 世纪，欧洲来华的传教士通过游记等形式将中国的科举制度介绍到欧洲，这一制度在欧洲受到广泛赞赏。启蒙运动时期的 18 世纪，许多英国和法国的思想家都推崇中国科举制度中所体现的公平和公正。即使在鸦片战争中，中国遭受失败，欧美学者仍然对科举制度给予高度赞扬。

但从整体上看，自 18 世纪中叶，尤其是 19 世纪以来，西方对中国文化的认知与评价发生了质的转变。法国华裔汉学家、作家程艾兰女士于 2015 年 3 月在复旦大学法国研究中心成立之际举行的“文明对话”国际研讨会上，以“欧洲的中国想象：从‘哲学王国’到‘东方专制国家’”为题目的主旨演讲中，对西方人由褒到贬的认知与评价中国文化的过程作了较明确的阐释。最后，她分析道，“这么做至少可以从英国的利益角度得到解释，他们在 18 世纪中叶起便开始殖民印度，而从那时起就需要为印度和中国树立两种截然不同的形象”，“我们可以清晰地看到中国是如何从一个理想化的模式突然变成了被毁损的陪衬，但一直都被赋予完全的‘他者’这一角色，而且不过是一颗在现代欧洲地理棋盘上被任意放置的棋子罢了”。

学者张维为、周宁等人对此也都有所分析。他们在分析了西方对中国由褒到贬态度的转变及其原因之后都指出，不应盲目地跟随在西方之后，而对自身文化失去应有的自信。张维为在一次演讲时明确指出：“今天我与大家一起回望历史上这场声势浩大的‘东学西渐’或者‘中学西渐’运动，一方面是有感于今天西方人出于种种原因，很少主动提及欧洲启蒙运动中的中国作用；另一方面也有感于不少学者，包括中国学者、外国学者，还是陷在西方中心主义里难以自拔。”周宁指出：“西方构筑的停滞专制的中国形象，是西方帝国主义意识形态的一部分。塑造一个被否定的、邪恶的中国形象，不仅为鸦片战争与殖民统治掩盖了毒品贸易与战争的罪恶根源，而且为掠夺与入侵提供了所谓‘正义的理由’；不仅赋予西方帝国主义者以某种历史与文明的‘神圣权力’，而且无意识间尽可能让

西方霸权秩序中的受害者感到某种‘理所当然’。这种定型化或类型化的中国形象，与西方帝国主义在中国的殖民扩张同时出现，不仅说明现实权力结构在创造文本，文本构筑的他者形象也在创造现实，巩固这种秩序。”周宁认为，这种定型化或类型化的中国形象与西方帝国主义在中国的殖民扩张同时出现，说明现实权力结构在创造文本的同时，文本也在构建现实，从而巩固了这种秩序。

对外汉语教师需要认识到近代以来中国的落后，认识到作为一个国家和民族“落后就要挨打”的沉痛教训，积极克服自身存在的一些问题和消极因素，奋起直追，使自己的国家和民族得到独立、发展与强大；另一方面，还要清楚地认识到，西方列强在动用坚船利炮向中国进行大规模武装侵略的同时，又在文化方面诋毁、贬斥中国，甚至污名化、妖魔化中国，使其侵略行径在文化的外罩下涂上了一层所谓“合理化”的色彩。只有看清了近代以来西方列强的侵略本质和行径，方不会失去对自身文化应有的自信与定力。

我们必须认识到，文化融合并不是一个单向的、被动的过程，而是一种双向的、主动的过程。《典籍里的中国》通过时空对话的创新形式，以“戏剧＋影视”的表现方法，向我们生动讲述了在五千年历史长河中的诸多故事，引发了观众在智识和情感上的强烈共鸣，诠释了什么叫“创新推动发展”，也让优秀文化以多元化、多样化的姿态去拥抱时代，不断夯实国人的文化自信，接续构建坚实的精神家园，同时我国历史文化悠久，地方文化资源丰富多样，我们应该重视挖掘中华优秀传统文化，尤其是地方特色文化，能为建设文化强国提供最厚重、最深沉的力量。

文化融合与地域跨越是全球化背景下的重要特征，它们既带来了无限的可能性，也带来了前所未有的挑战。面对这些挑战，对外汉语教师需要具备更多的智慧和勇气去应对和解决。他们不仅要深入理解中华文化的精髓，还要具备跨文化交流的能力，了解不同地域、不同文化背景学生的需求和特点。只有这样，对外汉语教师才能在全球化的大潮中找到自己的教学定位，有效传播中华文化，同时帮助学生跨越文化障碍，实现他们的学习目标和价值追求。

二、弘扬中国传统文化需要文化积淀

弘扬中国传统文化，离不开对外汉语教师的深厚文化积淀。俗话说："教师要有一桶水，才能给学生一碗水。"对外汉语教师，作为连接中国与世界文化的桥梁，必须具备对中国传统文化的深刻理解和广泛涉猎，方能以丰富的知识储备和生动的讲解，激发学生对中华文化的浓厚兴趣与深刻感悟。他们要精通汉语的语音、词汇、语法等语言要素，更要深入了解中国传统文化的精髓，包括历史典故、哲学思想、文学艺术、民俗风情等多个方面，这样才能在课堂上游刃有余地引导学生领略中华文化的博大精深，促进中外文化的交流与互鉴。

对于一个国家、一个民族而言，拥有全体国民共同认可并尊奉的伦理共识与核心价值理念是多么重要、多么须臾不可或缺。而作为凝结了中华优秀传统文化、当代世界优秀文化、近代以来中华民族抗击外来侵略与争取民族独立的革命文化以及社会主义先进文化内涵于一体的社会主义核心价值观，就成为中国人民在实现中华民族伟大复兴的中国梦的道路上、在建设具有中国特色社会主义宏伟大业的道路上须臾不可或缺的核心价值理念，它体现了 14 亿中国人价值观的最大公约数。诚如人们所说，价值观的力量，比生存的需要更崇高，比血浓于水的亲情更博大，有什么样的价值观，就有什么样的国家、社会和公民，就有什么样的取向、路径和行动。

中华优秀传统文化作为社会主义核心价值观的肥沃土壤和丰厚滋养，"是民族的血脉，是人民的精神家园"，也是"当代中国发展的突出优势，对延续和发展中华文明、促进人类文明进步，发挥着重要作用"。因此，"文化自信是更基本、更深层、更持久的力量"。在对外汉语教师的成长与培养过程中，使中华优秀传统文化根植于他们的身心。对于中华优秀传统文化的精髓与内涵，他们不仅应当理解、熟知、深刻把握，而且应当达到"日用不知"的境界。

要使中华优秀传统文化在对外汉语教师成长的过程中深深扎下根来，首先就必须使他们深切认知、理解并谙熟中华文化之精华究竟何在。这看似简单容易的问题，其实并非所想象的那么简单、容易。因为五千多年的中华文化博大精深，

其本身是一个系统而又复杂的完整体系，部分存在鱼龙混杂、泥沙俱下的情况，如何在沙里淘金，使文化的精华在当今发出更耀眼的光芒，是必不可缺的工作。因此，以严肃而负责的态度深刻挖掘中华传统文化中的精华之所在，成为当今文化理论研究者和传播者、教育理论研究者和实践工作者的一项义不容辞的任务。

关于中华优秀传统文化精神层面的内涵，主要指人与人、人与自然交往中的价值追求和为人之道。这方面的内涵，已经超越了时空，超越了人们所在阶层，在历史的长河中始终闪耀着熠熠的光芒。近代以来，学者们乃至广大民众对此也多有共识，并不断加以阐释。那种以“己所不欲，勿施于人”为表征的做人准则、以“自强不息，厚德载物”为基座的修身理论、以“人无信不立，业无信不兴”为信条的诚信之道、以“不学礼，无以立”为立足社会依据的谦谦君子品格、以“有朋自远方来，不亦乐乎”为对外关系主旨的襟怀、以“为天地立心，为生民立命，为往圣继绝学，为万世开太平”为生命导向的忧国忧民情怀、凛然气节和爱国担当精神等，正在新一代知识分子和广大国民之中在理解和认知的基础上，渐渐传扬开来。另外，属于精神层面的思维特质——以“天人合一”与“道法自然”为追求的宇宙观与生存智慧、以“天道阴阳”“和而不同”“中庸之道”为中心的辩证思维方式及“生生不息”的发展观，在当今时代都产生了相当明显的正面效应。正所谓“尊德性而道问学，极高明而道中庸”。

一般认为，在中华优秀传统文化的政治和制度层面上，具有较多的负面因素，应当予以摒弃。但即令如此，我们也不能否认中国传统政治文化和制度文化中所蕴含的有价值的可取之处，尤其是在一些治国理念和为官之道方面的穿越时空的价值和意义。例如，以“大道之行也，天下为公”为理念的政治诉求、以“民惟邦本，本固邦宁”为治国之本的民本思想、以严格的科举考试为依托的非世袭的官僚制度等，都有着极强的现实意义与价值。在这一体制之下，所采取的措施和所建立的制度一定程度上形成了一支较高素质的官员队伍，这是应当看到的历史史实。

如以科举考试为基础的官员选任制度已经证明有利于形成高素质的文官官员

队伍。对官员的定期考核制度起到了较大激励作用，监察制度在官僚体制千年的发展中发挥了规范和约束官员的职能，回避制度是对官员权力膨胀和滥用的有效遏制，限任制的实行体现出进一步约束官员权力的显著特征，致仕制度是克服终身制与世袭制的重要措施等。也正是这样的文化熏染和制度构建，成为中国历史上清官廉吏产生的丰厚土壤。这些人所发出的“先天下之忧而忧，后天下之乐而乐”“为天地立心，为生民立命，为往圣继绝学，为万世开太平”“吏不畏吾严而畏吾廉,民不服吾能而服吾公。廉则吏不敢慢,公则民不敢欺。公生明,廉生威”“杖策必因图雪耻，横戈原不为封侯”“苟利国家生死以，岂因祸福避趋之”等，直至今天听来仍令人震撼。这些，在当今的政治体制改革中都是可以借鉴的。

当然，在看到政治和制度层面有价值的、积极因素的同时，也要正视其负面因素，应予以摒弃。要正视缺憾、扬长避短，走出一条中国式现代化制度文化创新之路。

关于教育和学术层面，与精神和政治与制度层面都有密切的关联。可以说，在中国教育发展史上，产生了熠熠闪光的大量宝藏和具有超越时空价值的教育内容与方法，也使当时及后代的人受用不尽。《学记》可以说是世界教育发展史上第一部论述教育问题的教育专著，其对教育思想发展和教育实践指导的价值与意义至今被人们所称颂。教育史上留下的有关教育教学的内容与方法、学术研究与交流的宝贵经验与资源，都值得令人汲取。那种以“有教无类”为宗旨的平等教育观，以“持志养气”“居敬存诚”“慎独内省”为主的修身方法，以“弟子不必不如师，师不必贤于弟子”为基本精神的教学相长理念，以“从血脉上感移”为根基的情感教育之特色，以“孔子教人，各因其材”为特质的因材施教育人方法，以“圣学只一个功夫，知行不可分作两事”为基线的知行合一教育原则，以“以道相交”为根基的孔门私学和宋代书院中融洽的师生关系，以“无疑者须教有疑，有疑者确要无疑”为代表的理性主义教学传统，以“板凳要坐十年冷，文章不写半句空”为鞭策的学术敬畏精神，以春秋战国“百家争鸣”和南宋“鹅湖之会”为标志的平等学术研究与争鸣风气，以“即身而道在”为根基的中国“具身性”

教育历史传统等，其超越时空的价值与意义是不言而喻的。

由上述可知，应当使对外汉语教师们发自内心地意识到，中华优秀传统文化可以毫无悬念地与世界上的其他文化比肩并重，具有无可置疑的世界价值。而且，中华文化以其海纳百川的广阔胸怀在与世界各民族文化的共同平等交流与互鉴中创新性地发展至今天，同时也对其他文化产生了很大的影响。对外汉语教师应深刻理解和认同中华优秀传统文化的独特价值与世界意义，将其视为与世界其他文化比肩并重的宝贵财富。他们应当在教学中积极传播和弘扬中华文化，让学生认识到中华文化的深厚底蕴和广泛影响。

三、世界多元文化发展需要文化教学

多元文化融合已成为当今世界的一种潮流。随着时代的发展，这种融合现象将日益加深。因此，对外汉语教师必须认识到这种情况，提前做好心理准备，充分认识到多元文化融合对现代对外汉语教学产生的影响，认识和掌握这种影响，才能更好地适应时代的要求，进行有针对性的教学，从而使对外汉语教学呈现出新的面貌。

多元文化教育思潮于20世纪60年代在美国兴起、发展，并逐渐影响其他国家和地区。多元文化教育是指通过学校及其他教育机构，提供给学生不同文化团体的历史、文化及贡献方面的历史，使学生了解并认同自己的文化，并能欣赏及尊重他人的文化。其主要代表人物有班克斯、赫瑞思、凯伦、格兰特等。多元文化教育思潮的基本观点如下。

一是尊重文化的多元与平等。多元文化教育观认为，既要从思想上认同不同文化的特色，更要从教育内容、教育最终结果上保证教育对文化的保存和传递。多元文化教育承认并肯定文化差异与文化多样性，是文化宽容、文化理解、文化欣赏的教育。

二是强调文化的整合互动。多元文化教育观认为，教师应掌握多元文化教育教学的策略，尊重文化差异，鼓励不同文化群体的交流与合作，促使相互间产生文化共鸣。

三是追求教育的公平与正义。多元文化教育最重要的理念就是改变弱势群体的受教育机会，追求全社会教育权利和机会的均等。

四是提倡个性化教育。多元文化教育充分尊重学生的差异性，帮助学生发展积极的自我概念，它涉及族群、阶级、性别、宗教、语言、特殊性等层面的议题。

多元文化为对外汉语教学提供了更多的学习机会。随着全球化的发展，大学的语言环境更加多元化，学生可以通过与来自不同背景的同学交流，了解他们的文化习俗、价值观和思维方式，从而拓宽自己的视野，丰富自己的语言学习经验。多元文化交融为对外汉语学习者提供了更多的实践环境。在一个多元文化的大学环境中，学生参与各种跨文化的活动和项目，如国际交流会议、文化展览和演讲比赛，这些活动不仅可以帮助学生提高中文技能，还能培养他们的跨文化交际能力。

多元文化交融还能够促进学生们的跨文化思维和全球意识。在多元文化的教学环境中，学生们需要跨越自己的文化框架，理解和接纳其他文化的观念和价值观，这种跨文化思维的培养对于学生们的国际交流和合作能力的提升至关重要。同时，多元文化的交融也能够增强学生们的全球意识，使他们能够更好地适应全球化的社会环境。

文化，是一个民族的灵魂，是一段历史的记忆，是一种生活方式的体现。在全球化的背景下，文化不再是孤立存在的岛屿，而是汇入了一条条交汇的河流，它们相互滋养，共同奔涌向前。这种文化的交融，不仅丰富了世界文化的多样性，也为各种文化的发展注入了新的活力。

文化交融与发展的过程，就像一场精心编排的交响乐。每一种文化都是乐章中的一个音符，它们或高亢激昂，或低沉含蓄，但都在指挥家的引导下，和谐地融入整首乐曲之中。这场交响乐没有终点，它将继续演奏下去，只要我们每个人都愿意成为这场演出的一部分，用开放的心态和智慧的双手，共同谱写人类文化的辉煌篇章。

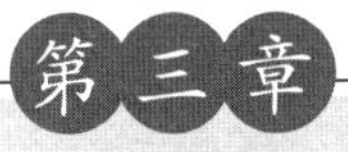

第三章 中国传统文化的传播价值、传播方式及相关理论

“关乎人文，以化成天下。”近年来，随着物质生活的提高，人们越来越重视精神文化方面的需求，中国传统文化的传播则有利于满足人们日益增长的精神文化需求。历史悠久的传统节日、丰富多彩的古文诗词乃至极具特色的传统服饰既是中国传统文化传播的重要载体，又是人们必不可少的精神文化食粮。我们站在历史的交汇点上，一手握着千年的传统文化，一手握着瞬息万变的现代科技。在这个快速发展的时代，如何传承中华优秀传统文化，使其与现代价值相融合，是一个既严肃又深具意义的课题。

第一节　中国传统文化的传播价值

近年来，博物馆利用数字技术改进展陈方式，提升文化遗产的用户体验。通过虚拟空间技术等手段，博物馆能够创造逼真、实时、三维的虚拟场景，增强展览的互动性和参与感，满足观众的感知和互动需求，进一步深化他们对中国古代文明的认知和理解。比如，通过数字化展示方式的故宫博物院，使人们以新奇有趣的形式、真实可感的体验来“云游”历史文化场景，感受中国古代文明的博大精深。这种数字化的展示方式弥补了观众无法亲临现场的遗憾。通过构建网络直播、生态场景和交互场景，数字化展示方式带来了更丰富的体验。另外，三星堆博物馆利用自媒体视频号进行网络直播，以推广三星堆考古成果。通过网络直播，讲述人以讲故事的方式与受众分享文物背后的故事、理念、历史、技艺等，激发更多人对中华古代文明的思考和共鸣。

一、建构传统文化认同

文化记忆的形成需要长时间精神积累，每一段文化记忆背后都蕴含着深刻的历史含义。文化记忆中留存的众多文化遗产，是文化传承的主要内容。文化记忆与社会发展的双向交流中，蕴含着多元化的文明发展规律。文化传播首先需要认可文化记忆的基础理论，从多个角度入手，揭示文化记忆中蕴含的民族精神，通过现代化传播手段，加强社会发展与文化记忆之间的内在联系，为文化传承创造良好环境。同时，将传统文化的传承与发展作为新时期重要使命，践行文化强国战略，引导社会公众建立共同的文化价值准则。

（一）文化记忆下传统文化的传承

探究文化记忆的形成过程，从集体记忆、现代历史发展、内部时间结构等多个维度进行探讨。集体记忆指的是在某一发展阶段，全体民众形成的过去记忆，

涵盖的范围较为广泛，蕴含着深刻的历史意义。

不同的民族国家文化记忆，形成了不同的文化体系，在文化传承过程中需要采用不同的传承模式。例如：中国传统春节辞旧迎新是由古到今遗留下来的文化记忆，而在欧美每年都需要举办重大的圣诞活动。在中国，许多旧的过年习俗已经逐渐被取代，一些全新的文化内容开始呈现。为了加深文化记忆，可以以经典的历史人物为代表进行文化传承。例如：根据遗留下来的文化记忆，端午节的经典代表人物是屈原先生。包粽子这一习俗就是因屈原投入江中的祭品被鱼吃掉了，通过托梦的形式让人们将米饭包到竹叶里重新献祭。一直到今天吃粽子的习俗依然保留，但不再以献祭为主要目的，这是文化演绎、文化传承的一个过程。

（二）文化记忆下传统文化的融合

文化记忆之所以能够长远继承，不仅需要口口相传，还有一部分是从经典文学作品中加以保存与整理，重新进行文化内容解释，让已经被遗忘的文化重新回到社会发展进程中，提高人们的文化认同感。明确文化记忆在当今社会发展中的辐射范围，对文化内容有一个明确定义。文化记忆与传统文化的传承与发展相对应，集体记忆是通过交流与世代传承所形成的，记忆曲线会随时间的发展而流逝。在对外汉语教学的过程中，对文化内容添加社会记忆，将保留下来的历史文化内容，在教育工作开展中、宗教礼制研习中、对外文化传播中加以修正，提高文化传承质量。

（三）文化记忆下传统文化的创新

文化记忆在形成与发展的过程中逐渐构建稳定的知识体系，固定的知识内容不会跟随时代的变化发生改变，需要不断寻求创新机遇，避免文化逐渐被遗忘。文化记忆的存在是为文化传承保驾护航，固有的文化理念逐渐脱离社会环境，需要积极寻求文化创新。文化属于一种知识，知识脱离创新将会被弃之不用，想要让文化得到永久的传承，需要适当进行文化传播与更新。

传统文化传承与发展过程中，为了更好地适应新时代人们的生活需求，文化记忆根据时代进行改变，建立新的记忆点，形成全新的文化传承体系。例如：传统节日氛围越来越淡，虽然各行各业都在致力于保护民族文化遗产，但文化记忆功能正在逐渐削弱；文化遗产并不是历史文物被束之高阁，而是通过创新让文化知识重新回到人们的日常生活中，逐渐与社会记忆融为一体，全民的共同努力为文化技艺的发展提供民众智慧，让民俗重新流行起来。

（四）文化记忆下树立文化自信

文化自信需要民族成员认识到文化的价值，坚信文化具有旺盛的生命力，不断寻求文化发展之路，提高人们对文化身份的认同感，建立高度的文化自觉性。文化自信是民族自信，在文化记忆下树立文化自信能够形成强大的民族凝聚力。文化自信的塑造是民族文化传承与发展的重要手段，也是强化文化技艺的主要方式。文化自信的关键在于人们对同一文化记忆的自信一旦建立，通过长时间的历史发展，整合传统民族文化财富，能为中华儿女思想观念的转变提供有力支持。

为了践行文化育人的社会发展理念，需要围绕民族发展进程，不断增添文化记忆内容，体现出独特的民族韵味。在日常生活中，人们会间接或直接地接触到文化记忆内容，鼓励人民群众自主进行文化记忆保护，形成文化自信心，促进文化的繁荣发展，不断整理丰富的文化资源。例如：传统节日、家族礼仪等，许多文化点集中记载的文化信息都可以作为文化记忆的关键点，人们是记忆的承载者，为现代文化发展注入精神理念，培养人们的高度文化自觉性，从心理和精神上获得双重满足。通过建立开放性的发展观念去包容外来文化，传承独特的传统文化记忆，树立文化自信，吸收与融合优秀文化，重新进行本民族文化调整，打造适合时代发展步伐的文化记忆特征。

（五）文化记忆下传统文化的认同

文化记忆是提高人们文化认同的基础与前提。“文化记忆理论”的提出是在集体记忆的基础上，彰显出个体记忆与复杂社会结构之间的内在联系。文化记忆包括语言文字记忆、思维逻辑记忆、文献概念记忆等多种内容，通过人与人之间的交互与探讨，不断分析在新时代发展进程中个体记忆传达的重要性。对文化记忆的类型进行详细划分，在不同媒介的支持下将文化理念转化为直观的物质象征，

树立先进的文化典型。主要的文化传承者包括现代艺术家、教师、非遗传承人等群体。文化传承职责是将历史发展进程中的关键文化记忆点，以特殊的方式加以整合，提取出关键的历史事件，积极获得人们的文化认同感，实现对文化内容的再生产。想要在文化记忆下提高人们对传统文化的认同，需要保证文化记忆的连续性、文化记忆的规范性。

传统文化具有群体聚集性的发展特点，在特定的群体内能够被人们共同享有和认可。文化的表达形式包括文本资源、意向特征和祭祀仪式等多种渠道。文化传承以文化符号的形式进行传承，能够验证时间的跨度，形成连续性的文化特征。文化认同并不是单独依靠文化记忆的支持，而是整理在历史发展进程中众多的文化因子，在共同因素的作用下组成文化认同体系，保证文化记忆的连贯性。文化的发展不是亘古不变的，是每一代人结合特定的历史发展条件以及个人发展需求，不断完善与融合得来的。社会个体都是文化传承的主体，只有强化群体文化记忆，才能增强对传统文化的认同感。

文化记忆的规范性是文化认同成立的重要机制。文化记忆时刻提醒着我们，不同发展因素将会影响到人们的文化认同感。记忆与文化密不可分，文化与认同紧密相连。通过文化记忆寻求传统文化认同是文化传承与发展的重要手段，特定群体需要以特殊时期的文化记忆作为参考，通过规范性的文化引导，融入传统文化发展进程中。以事实为基础的传统文化其本质不会发生改变，但出现群体归属分化问题，将会影响到群体的文化记忆。想要保证文化记忆的客观性，需要明确社会的联动结构，在提高个人对文化认同感的同时，进行文化再生产与再创造。

（六）文化记忆下传统文化的传播

中国具有悠久的发展历史，在历史进程中继承与传承下来的多元文化体系，为民族发展提供了宝贵的文化财富。传统文化来自人们的生产生活，融入社会发展的各个方面，具有深厚的历史价值和经济价值。想要实现传统文化资源的有效利用，需要遵循文化保护、文化融合、文化发展等多项管理决策。文化记忆淡化导致许多文化习俗正在逐渐消失，非物质文化遗产后继无人，因此，国家发展需要注重传统文化资源的保护与传承。

传统文化传播需要建立品牌化传播内容，打造多元化传播路径，为广大群众带来沉浸式的文化体验。一是数字时代的到来，文化传承的主体开始向网络自媒体和国家主流媒体发生演变。要将政府机构作为文化传播的主体，发挥政府的协同联动性作用，打造传统文化保护机构，践行文化传承义务与使命。二是科学技术的创新让文化记忆有了全新的展现模式。通过融媒体中心、广播电视台等主流媒体进行文化传播，保证文化记忆的权威性。三是拓展信息传播渠道，向大众传递传统文化记忆责任。以信息活动、专题报道、人文记录、网络短视频等多种媒介形成传统文化传播体系，实时向社会公众发送文化资讯。文化记忆下中国传统文化的传承与发展需要不断地寻求创新，引导人们树立文化自信、增强对传统文化的认同感。

二、促进多元文化传播和发展

随着全球化的加速和中华文化的广泛传播，对外汉语教学已经成为世界语言教育领域的重要组成部分。中文不仅仅是一门语言的学习，更成为连接不同文化、加深全球合作与理解的桥梁。随着中国在全球经济和政治舞台上的影响力日益增强，学习中文已经成为世界各地人们追求职业发展、文化交流和个人兴趣的重要途径。因此，深入探讨对外汉语教学的发展战略和实践要点，有助于促进全球范围内的文化交流和理解贡献智慧和力量。

（一）对外汉语教学在全球传播中的角色与价值

随着我国在全球政治、经济、文化等方面的影响力日益增强，中文教育和传播在全球范围内正变得日益重要。对外汉语教学的首要角色是促进语言知识的传播。作为联合国官方语言之一，中文的学习不仅是对语言技能的提升，更是对全球多元文化理解的增进。在教育与推广价值方面，中文教育是文化交流的桥梁。通过学习中文，学生不仅学习一门语言，更深入了解中国丰富的历史、文化和哲学。这种文化层面的交流有助于增进不同文化背景的人们之间的相互理解和尊重，进而促进国家间的和谐共处。例如，通过学习中文，学生可以更好地欣赏中国文

学、艺术、电影等文化产物，从而加深对中华文化的理解和欣赏。随着中国经济的快速发展，中文已成为国际商务和贸易中的重要语言。掌握中文不仅对个人职业发展有利，对企业和国家在全球经济中的竞争力也有显著提升。中文教育的推广有助于全球学术界更全面地理解中国的历史、文化和社会，促进了学术研究的多元化和深入。

（二）在全球传播中开展对外汉语教学的挑战

1. 传统文化在全球化时代遭受冲击

数字化时代的浪潮涌动，对传统文化发起了深刻的冲击，特别是在现代性的洪流下，传统价值观、审美观和文化选择都面临着巨大的变革。首先，现代性对儒家文化等传统价值观产生颠覆性影响。信息时代的爆发使社会结构迅速演变，挑战传统观念。网络文学作为数字时代年轻化阅读的代表形式，反映了现代性下的价值变革。许多武侠和修真类网络小说，尽管背景设定在古代，却常以主人公遭受家族排斥、被师门放逐为故事起点，通过解构传统集体主义观念，强调主人公个体价值的追求。故事中，离经叛道的主人公常陷入道德困境，最终选择以个体利益为导向，超越传统社会对个体责任和角色的规定。这样的情节设定使主人公的形象成为现代性背景下理想人格的象征性表达。

其次，数字化时代塑造了全新的审美观和艺术表达范式。用户通过数字平台能够参与、定制和分享审美体验，形成了一种互动性的美学，打破了传统文化对审美标准的垄断。社交媒体平台、视频网站、游戏等新兴传播媒介强调视觉传达和图像文化，当下年轻人更容易接受视觉冲击力强、信息传递直观的文化形态。相比之下，传统文化所强调的文字、象征和仪式性的表达方式显得相对滞后，进一步加剧了传统文化在审美层面的边缘化。

最后，数字化时代的娱乐消费主导也对文化选择产生了深刻的影响。社交媒体和短视频平台主导着年轻人的日常生活。轻松、娱乐化的氛围影响了年轻人对于文化的选择。传统文化的庄重、深刻与娱乐化需求形成对比，导致年轻人更青睐具有娱乐性质的文化产品。

2. 教学资源有待丰富

中国传统文化中的许多理念，如仁爱、忠诚、礼敬等，都具有永恒的价值。我们可以通过挖掘这些理念，将其与现代教学方法相结合，形成新的教学资源。同时，利用现代科技，如互联网、社交媒体等，创新传统文化的传播方式。例如，通过短视频、直播等方式，让更多的人了解和接触传统文化。在全球化的背景下，我们需要培养跨文化交流的能力，尊重和理解其他文化，同时也将我们的传统文化传播出去，让世界了解中华文化的魅力。

3. 教学方法有待完善

传统的教学方法往往重视语法和词汇的机械记忆，忽视了语言运用和文化理解的重要性。这种单一的教学方法难以激发学生的学习兴趣，也不利于学生能力的全面发展。在对外汉语教学实践中，如何进一步丰富和完善教育模式，有待深入研究和探索。教育是传承文化的重要途径。我们应该在教育中增加传统文化的内容，让学生在学习过程中了解和认同传统文化。同时，也要教育学生理解和接受现代价值，形成开放、包容、创新的精神特质。传承传统文化不仅仅是政府和教育的责任，更需要全社会的参与。我们应该鼓励社会各界力量参与到传统文化的传承中来，如企业、社区、家庭等都可以发挥重要作用。

4. 文化差异和适应性

中文不仅是一种语言，还是一种文化的载体。在不同文化背景下教授中文时，文化差异可能会成为障碍。教材和教学方法往往缺乏对本地文化的适应性，这可能导致学生难以理解和吸收中国文化。作为国际中文教师，要提升对文化传播的重视程度。传承中华优秀传统文化，不是固守传统，排斥现代，而是要在传承中创新，在创新中传承。我们要以开放的心态接纳现代价值，以创新的精神传承传统文化，让传统与现代在融合中共同前进。只有这样，我们才能在全球化的大潮中保持自己的文化特色，同时又能与时俱进，走向更加美好的未来。

（三）在全球传播中开展对外汉语教学的原则

1. 注重文化融合

坚持自己的艺术风格，在传承的基础上不断创新。伴随着国际文化交流日益频繁，近年来，越来越多代表中国文化形象的艺术作品走出国门，得到了世界各国不同人群的喜爱，充分展现了今日中国的生机和活力，成为传播中华优秀文化的“好声音”。用世界通用语言讲好中国故事,促进中华优秀传统文化海内外传播。在中外文化的差异中寻找到共同点，用一种润物细无声的方式搭建起中外沟通的桥梁。以孔子学院为例，孔子学院是中华文化“走出去”的重要平台，也是跨文化交流的桥梁。通过在全球各地设立孔子学院，我们向世界传播了中华文化的精髓和价值，也向世界展示了中国的现代形象。同时，孔子学院也促进了中外文化的交流与融合，为世界文化多样性的维护和发展作出了贡献。

2. 注重创新教育

对外汉语教学应采用灵活多样的教学方法，以适应不同学习者的需求和学习风格。要理解中国传统文化开放、包容、创新的精神特质。开放意味着接纳新事物，包容则是对差异的尊重，创新则是时代的要求。现代科技的发展，如互联网、人工智能等，改变了我们的生活方式，也催生了新的价值观念。这些价值观念与传统的文化观念并非对立，而是可以相互融合，共同推动社会的进步。以故宫为例，故宫是中国传统文化的瑰宝，也是现代科技与传统文化融合的绝佳例证。故宫博物院通过现代科技手段，如虚拟现实、增强现实等，将传统文化以更加生动、立体的方式呈现给观众。观众可以通过这些技术，身临其境地感受古代皇宫的生活，了解传统文化的深厚底蕴。

3. 注重人才培育

教师是对外汉语教学成功的关键。教师不再仅仅是知识的传授者，而是更多扮演引导者和激发者的角色，培养学生对传统文化的批判性思维和创新能力。这要求教师需要不断研究并整合数字技术与传统文化教育，以更好地满足学生多样化的学习需求，实现知识的跨界传递。除此以外，教师还需要充分利用社交媒体平台，目光不只局限于课堂，而是宏观地、全面地了解当下年轻人的学习需求和兴趣点，同时利用这些平台将学生的学习成果分享至网络，实现文化知识二度传播。

（四）拓展中国传统文化传播内容与渠道

在全球化时代，结合数字技术对教育体系做出优化改革，培养年轻一代对传统文化的兴趣，是促进中华传统文化传播的关键一环。在教学中，应该借鉴数字化时代的互动性和个性化教学的特点，采用虚拟实境、数字化展览、游戏教学等形式，为学生创造更为生动的学习场景。在这方面，深圳中学历史老师、B 站 up 主 @ 苏辙糖在 Bilibili 平台发布的视频《怎么会有老师上课放一整节课自己玩〈三国志 11〉的游戏视频？》提供了生动的教学案例。教师利用游戏媒介，结合课程内容，引导学生探讨地理环境对古代军事战略的影响。通过互动化的游戏教学，学生可以在虚拟的场景中实际参与决策和操作，而非单向地接收信息，加深了学生对历史事件和文化背景的感知。

一方面，要实现中华传统文化的传播，就要进一步拓展中华优秀传统文化的内容资源，不仅要内容丰富，还要形式多样。首先，要进一步推进中华优秀传统文化资源的数字化，要把优秀的中华优秀传统文化转化为影像、视频、音频等数字化的传播形式，并建立中华优秀传统文化的数据库；其次，要加强推动中华优秀传统文化数字资源的生产与再生产，积极推进文化资源的数字化创新，特别是数字文化原创性再生产，为中华优秀传统文化的网络传播创造更多优质数字文化资源。

另一方面，要实现中华传统文化的传播，更要进一步拓展中华优秀传统文化的传播渠道。在全媒、融媒、智媒时代，要发挥好全媒体的互联网功能，要发挥好融媒体强大的宣传功能网，要发挥好智媒体的精准传播功能。拓展传播渠道，要积极开发学习研究、传承发展、宣传展示、模拟体验中华优秀传统文化的网上新平台、新软件，有针对性打造适合传统文化传承发展需要、体现传统文化信息传播特点的传统媒体平台和新媒体平台，在扩大传播范围的同时，还要精准化传

播，增强传播效果。

综上所述，在全球化时代，中华传统文化的传播已经展现出丰富的可能性，数字技术为这一传播提供了全新的途径和场景。从文旅产业的数字化体验到电子游戏的创新表达，再到教育体系的数字化改革，都为年轻一代提供了更为亲近、生动的接触方式。然而，全球化时代的传播也需要更多深入思考，如何在创新中守正，如何在融合中保持文化的根脉，都是需要我们共同面对的问题。在文化传播的生态中，我们需要更积极地推动数字媒体平台的互动性，加强合作，不仅在传统文化领域传播更多有深度的信息，也在各类平台上构建更加多元、全面的文化体验。

第二节 中国传统文化传播方式

过去存在一种将传统文化与现代文化对立起来的趋势，将传统文化视为过时、陈旧，与流行文化形成对立关系。然而，事实上，流行文化并不是与传统文化完全独立地存在，它往往是在现代流行元素与传统文化相结合的基础上形成的。《花木兰》《西游记》等以传统文化为内容的动漫作品，融合了传统文化元素，但又在当代流行文化的语境中进行创新和表达。这样的作品在传统文化与现代流行文化之间建立了桥梁，既传承了传统文化的精髓，又与当代观众的审美和喜好相契合，具有广泛的影响力和吸引力。可以说，传统文化与流行文化之间的界限正在变得越来越模糊，二者相互交融、相互影响。传统文化通过与流行文化的结合，能够以更具吸引力和现代感的方式传播给更多的人群，使传统文化焕发出新的活力和魅力。

传统文化所遭遇的挑战主要是传播形式上的困境，而不是文化本身的危机。在当代影像传播时代，仅依赖过去的传播路径可能无法有效地传达传统文化的价值和内涵。因此，创新传统文化的传播形式，将其与流行文化元素和新技术相结合，成为当下发展、弘扬和传播传统文化的重要突破口。这需要传统文化人才的坚守，同时也需要一大批具有创意和眼光的文艺创作者，能够深入挖掘优秀传统文化的宝库，发掘具有市场影响力的文化资源。

一、媒介途径传播中国传统文化

文化的传播离不开媒介。尤其是图书、影视、网络之类的大众媒介，在当下文化的海外传播的过程中，占据重要的位置。在中国传统文化的传播过程中，信息载体主要以媒介为载体，而文化传播与文化交流都是以文化为内容。文学是文化沉淀以及文化传承的主要内容之一，在发展的过程中承载着中华民族最优秀的

文化特点。从跨国界的图书博览会到影视巡展，再到在线交流的方式，都展现出了文字语言翻译的重要性，将文字翻译出来，才可以促进文化传播。

影视是现代国际领域最具感官性的媒介平台。目前，网络平台已成为炙手可热的资源共享平台。在国际领域发展中，海外出版的四书五经，中国武术电影的传播，以及中外人士在线及时交流等，都是在广阔的媒介平台上进行的，极大地促进了文化传播的进展。但是容易忽视的是，由于文化背景、特点及环境的不同，同样的话语表达的整体意思是不一样的。目前，汉语热以及国际交流的不断加深，都在很大程度上促进了中国传统文化的发展与传播，在宣传大众媒介的同时，可以更好地传播本土文化，促进中国传统文化的发展。

因此，在将汉语进行翻译的过程中要考虑到文化本身的特点。还可以尝试运用新的形式或者新的媒体进行组合，用更好的媒介组合来宣传文化，促使文化传播更具整体性，从而促进文化的交流与融合。

二、教育途径传播中国传统文化

目前，国家汉语教育在世界范围内快速发展。原来在对外汉语教学的过程中，汉语只作为第二语言，而如今，汉语已作为汉语外语教学的学科，发展成为一门独立的学科。随着留学生队伍的不断壮大，促使文化之间的交流也逐渐增加。比如，孔子学院的建立与国学的传播，是中国传统文化在国际传播中的有效途径。尤其是在国际汉语推广以及文化传播的过程中，孔子学院不仅将中国的传统文化传播到国外，同时，也将中国的伦理学、哲学以及文学传播到世界各地，促进了世界文明的多元化发展。由此可见，教育中的学术交流是文化传播最重要的方式之一。

可以说，只有在国家汉语教育中展开文化传播，二者相互融合，才可以有效地促进教育与文化传播都能更好地发展。随着国家汉语教育的发展，汉语的外延逐渐拓展，同时内涵也变得更加丰富。虽说国家教育的涵盖面变得更宽阔了，但其本质并没有改变。目前，国际化问题以及国别化问题的出现，使我们不得不对汉语国际教育有了新的认识，对外汉语教学研究任重而道远。

三、活动途径传播中国传统文化

（一）以商贸活动为传播途径

中国很早就开始进行对外贸易活动，开通了促进政治、经济发展的贸易通道，才更好地促进了各国文化在商业活动中融合。最为著名的丝绸之路就是中国逐渐与中亚、西亚以及欧洲交流互动的标志之一。中国的丝绸、瓷器等商品输出到国外，国外的瓜果、音乐、舞蹈等开始传入中国，各国文化互相传播与交流，促进了各国文化的大发展。

中国传统文化的发展，必须建立在世界范围内的文化传播的基础之上，通过商贸活动等途径来发展我国传统文化，才可以提高文化软实力。现代科技的发展及便利的交通条件有效地消除了国家之间的距离阻碍，而世界贸易的发展，也从最初的跨地域与跨国别，发展到后来的全球化自由市场。面对现代开放性的市场形态，文化不再是单纯地建立在贸易之上，而是建立在商品内在的灵魂之中。文化应该是整个商贸活动过程中都能体现出的一种内在品质。

（二）以艺术活动为传播途径

中国艺术文化历史从新石器时代彩陶文化到西周青铜文化的辉煌时期，再到后来漫长的封建文化的多样化发展时期，逐渐形成了书法、雕塑、建筑、绘画、音乐等中国传统艺术文化。它们促进了具有艺术规律以及艺术特性的中国艺术体系的形成，在中国文化艺术的宝库中，占据重要的位置，间接促进了世界文化的发展。

在人类文明的发展进程中，艺术本身是不受任何国籍及地域限制的，可以进行跨越时空的思想交流。中国的传统艺术品种类繁多，各具特色。其中，中华民族艺术也是世界艺术的瑰宝之一，备受人们的喜爱。比如，很多中国艺术珍品在各大拍卖活动中，拍卖的价格屡次刷新纪录，创造了一个又一个艺术交易奇迹。中国在展现我国艺术文化的过程中，以具体的艺术形象，深刻地影响着人们的审美等意识思维，使人们在全面领略文化精华的同时，促进了文化的传播。

（三）非常规途径传播中国传统文化

在文化传播的发展过程中，也存在一些非常规的传播途径。可以说，每一次的战争都会给国家的政治、经济以及文化带来影响。在战争的过程中，文化不断进行融合以及重组。在文化的历史发展过程中，战争在某种程度上也促进了文化的交流与传播，是现代文化传播中最特殊的一种传播方式。

纵观历史的发展，战争是人类历史中的一环，是不可以被忽略的。在世界历史的发展进程中，战争传播文明的例子不胜枚举。成吉思汗以及他的子孙三次西征，建立了横跨欧亚的超级大国，改写了世界历史，打通了东西方经济文化以及贸易交流的屏障，将中国的文明有效地传播到欧洲地区，全面推进了东西方文化的交流以及我国各民族的融合。比如，亚历山大在东征的过程中，将希腊文明传播到欧洲以及中东地区，开创了长达 100 多年的文化繁荣时期。

我们的文化远景目标是本着“和谐、差异、共存”的文化精神促进人类的进步和文明。这是中国文化取得成功的前提和决心。中国的文化战略也必须以全人类的进步和文明为中心。只有这样，从世界和人类精神的角度来看，中国的文化才能够在全世界得到理解和接受。

第三节 传播中国传统文化的相关理论

中国文化传播交流主要是讲好中国优秀文化故事，多方位、多角度选择好走出去的文化，积极推动文化走出去。要着眼于推动中华文化走向世界，形成与我国国际地位相对称的文化软实力，提高中华文化国际影响力，加强文化挖掘与推动文化传播紧密结合，相互促进，自然能让世界更近距离地了解中国。

一、基于传播学有关理论的分析

（一）跨文化传播理论

跨文化传播，指的是处于不同文化背景的社会成员人际交往与信息传播活动，也涉及各种文化要素在全球社会中迁移、扩散、变动的过程，及其对不同群体、文化、国家乃至人类命运共同体的影响。主要关联到两个层次的传播：日常生活层面的跨文化传播和人类文化交往层面的跨文化传播。跨文化传播学是研究跨文化传播现象及其规律性的学科。1955 年，美国跨文化研究者爱德华·霍尔在一篇《举止人类学》的论文中提出了跨文化传播的范式。1959 年，他的《无声的语言》一书问世，标志着跨文化传播已经形成了一门独立的学科，因此霍尔也被认为是跨文化传播研究之父。跨文化传播的核心要点是对带有不同观点、信仰和价值观的人际的互相作用的意义分析，是对这些人由于具有不同的文化背景而产生的相应差异的分析。

（二）培养理论

培养理论，也称为培养分析，或教化分析、涵化分析，这种研究起源于 20 世纪 60 年代后期格伯纳主持的“培养分析”。“培养分析”得出的结论是：电视节目中充斥的暴力内容增大了人们对现实社会环境危害程度的判断。格伯纳等人认为，在现代社会，大众传媒提示的“象征性现实”对人们认识和理解现实世界

发挥着巨大影响，由于大众传媒的某些倾向性，人们在心目中描绘的“主观现实”与实际存在的客观现实之间正在出现很大的偏离。同时，这种影响不是短期的，而是一个长期的、潜移默化的、“培养”的过程。理论指出了大众传播长期的、潜移默化的效果，强调大众传播在形成社会成员对社会的“共识”中的巨大作用；培养理论可能适用于特定种类的电视节目，但不支持总体上的电视内容，电视与其他变量也是相互作用的，期待整体的电视观众产生培养效果是不可能的。

受众互动性和参与性的提高弱化了传统的以电视媒体为主导所构建的符号现实。新媒体的发展使得电视媒体的涵化发生一定程度的变异，具体体现在以下五个方面：（1）在新媒体环境下，受众与媒体的互动性以及参与性增强，培养理论的效果受到冲击；（2）个性化传播的新媒体时代，受众的选择性提高，可接触的媒体内容也增多，受众的主动性大大增强，对媒介的解读也就呈现多元化；（3）从媒介素养这方面来说，新时代的受众批判意识增强，媒介营造的“象征世界”未必会对受众的“主观世界”产生影响；（4）新媒体时代，人们进入了一个“风险社会”，周围的风吹草动都会引起轩然大波，而人们也正是通过不断的媒介消息来评判危险系数；（5）媒介涵化受众与受众涵化媒介为一个双向互动过程，媒介要不断根据受众的反应来调整传播内容和模式。

（三）传播学的5W模式

体例传播学的5W模式将传播过程分解为五个要素，即：谁（who）、说了什么（says what）、通过什么渠道（in which channel）、向谁说（to whom）、有什么效果（with what effect）。这个模式强调了传播过程中的关键要素，帮助研究者分析传播行为和效果。需要指出的是，传播模式是为了理论研究和分析而构建的简化模型，实际的传播过程往往更为复杂和多样化。不同的传播模式可以提供不同的视角和解释，对于具体研究问题和背景，可以选择适合的模式进行分析和研究。

谁—说了什么—通过什么渠道—向谁说—产生了什么效果，这五个基本要素构成了一个完整的传播行为。5W模式是美国著名的政治学家、社会学家、心理学家和传播学者哈罗德·拉斯韦尔提出的。5W模式简单地概括了什么是传播。

传播就是社会信息的传递，或者说是社会信息的运行。一个简单的传播结构包括传播者、传播信息、传播媒介、传播受众和传播效果几个要素。但是，要想实现一个好的传播活动，除了以上五个基本的要素，还受到传播时间、传播环境、社会背景等众多要素的影响。

中国传统文化作为具有深厚历史根基的文化遗产，于全球化时代面临着与先前传播范式截然不同的挑战。对于年轻群体而言，这既是一场文化自我认知的重新塑造，也是传统价值与现代表达的有机结合。一方面，全球化时代的高度信息碎片化和多元选择使得传统文化的传播在年轻群体中更为分散，传播的黏性与深度面临考验；另一方面，年轻人也有机会通过数字平台更广泛、更有创造性地参与和理解传统文化，促使其在当代焕发新的生命力。我们应积极探索创新、精准的传播模式，通过多元化、艺术化的叙事语境，向国际社会展示博大精深的中华文明，让世界了解中国，加深对当今中国的认知和理解，彰显中华文明的智慧与力量。

二、对外汉语教学中传播中国传统文化的可行性

中华传统文化是我们中华民族需要保护的固有的文化基因和遗产。作为大众媒体应承担传播和弘扬中华传统文化的责任，为公众意见的表达和中华传统文化的传播创造一个健康的社会环境。在传播中华传统文化的过程中，确实需要掌握宣传艺术和方式。媒体应该以富有创意和艺术性的方式呈现中华传统文化，使其更加吸引人、易于理解和接受。这可能需要运用各种媒体形式，如电视、电影、音乐、舞台剧等，以及结合新媒体和互联网技术，创造多样化、互动性强的传播形式。另外，挖掘大众资源和本地文化资源也是非常重要的。中华传统文化扎根于广大民众中，媒体应该注重发掘民间艺术、乡土文化和地方传统，将这些珍贵的资源融入传播中，使更多的人能够参与和分享中华传统文化的魅力。

在全球化时代，技术的崛起也引领了新型媒介的兴起，如网络文学、游戏、网络视听节目等，麦克卢汉的“媒介即信息”理论在此得到生动体现。数字技术作为媒介本身，不仅传递文化信息，更深刻地塑造了信息的形态和受众的文化互

动模式。面对新的传播局面，我们需要立足已有成功案例，深入探讨传统文化传播的多维场景实践，在关注形式的同时，评估这些实践对年轻一代文化认同、情感共鸣和知识传承的实际影响，以期为传统文化在数字时代的传播提供创新的策略与方法。

在对外汉语教学中，我们应将中华传统文化的传播作为核心内容之一，通过多媒体教学手段，让学生沉浸于丰富的文化体验中。对外汉语教师可以视情结合以下媒介形式，设计互动课程，让外国学生在学习语言的同时，更加深刻地理解中国文化的精髓。

（一）社交媒体平台

在社交媒体平台的传播场景中，中华传统文化通过内容创作者的努力逐渐渗透到年轻用户的日常生活。这包括以故事化的方式呈现的传统节日习俗、古典诗词和传统服饰等。在 Bilibili 上，UP 主们通过多元的创新传播形式展示了对中华传统文化的热爱与传承，并在传播过程中呈现出鲜明的具身性。以 @ 装束复原为例，装束复原团队对各朝代装束的复原严谨考究，整个团队参考了大量的文献资料、实物资料，无论是原料，还是工艺，以及穿法、搭配、礼仪全部遵照古时“原版”来进行，并全部手工完成，而真人秀的呈现方式则将观众直接带入对传统文化的身体感知之中。通过走秀、礼仪动作，观众能够感受到服饰在实际运动中的变化，增加了对传统文化的实时参与感。

与严肃还原形成对比的是，另一位 UP 主 @ 有山先生则通过具体化行为艺术式的表达，将古典文学和当代互联网文化结合起来，在 Bilibili 上收获了近两百万粉丝。其中，视频作品《袁绍粉丝在曹操墓里背诵〈讨贼檄文〉，轰动全网！！》[1]累计播放量达 369.5 万人次，位列全站播放量最高榜第 15 名。有山先生夸张、幽默、古怪的演绎方式，打破了传统文化沉闷、庄重的形象，使得年轻人能够在传统与现代之间找到一种更贴近生活的文化表达方式。从心理学的角度而言，其所呈现

① 袁绍粉丝在曹操墓里背诵《讨贼檄文》，轰动全网！！_哔哩哔哩_bilibili https://www.bilibili.com/video/av444550612/.

的魏晋名士式的叛逆姿态，也迎合了现代性语境下年轻人对于个性、自由的精神需求。

在对外汉语教学中，教师可以引导学生关注并参与这些平台上的传统文化相关内容，如传统节日庆典、传统艺术表演、历史典故解读等。特别是 Bilibili 这样的视频分享平台，通过 UP 主们的创意视频，如 @ 装束复原团队对古代服饰的复原展示，可以让学生直观感受到传统服饰的美，同时引导他们深入了解背后的文化意义和历史背景。有山先生等 UP 主以幽默、夸张的方式演绎古典文学，则让传统文化以更加亲近、易懂的形式进入学生的视野，激发他们的学习兴趣。

（二）网络视听节目

随着数字时代的发展，综艺节目作为一种文化传播形态，同样经历了显著的转变。数字时代的综艺节目在社交媒体平台上引发了广泛关注，通过用户评论、转发和点赞等互动方式，构建网络社群。对于传统文化类的综艺节目来说，这种社交互动将传统文化元素融入用户的日常社交中，实现了文化的线上传播和线下体验的有机结合。近年来，一批传统文化类综艺节目，如《中国诗词大会》《国家宝藏》《典籍里的中国》《万里走单骑》，不仅在电视媒体上呈现了中华传统文化的魅力，也在社交媒体平台引发了国学热潮。这些节目的官方社交媒体账号及相关超话、标签、挑战、互动游戏等，吸引了大量网民的关注与参与，形成了一个活跃的传统文化社群。在这个社群中，年轻观众不仅可以欣赏精彩片段，还能学习知识、分享感悟，甚至与嘉宾和选手进行互动交流，激发了年轻观众对传统文化的浓厚兴趣。在对外汉语教学中，教师可以利用这些节目作为教学素材，组织学生进行观看、讨论和分享，让学生在轻松愉快的氛围中学习传统文化知识，增强文化认同感。

在数字化媒体环境中，综艺节目普遍采用与网络平台联动的模式。这一观看方式的变革直接影响了综艺节目的制作与播出生态。为吸引年轻受众，综艺节目必须充分考虑互联网文化语境，突破传统综艺形式，注重独特、创新的内容创作。以 2023 年湖南卫视与芒果 TV 同步播出的《当马克思遇见孔夫子》为例，该节

目以马克思主义与中华传统文化相融合为主题，聚焦于阐释党的二十大报告中关于“两个结合”的重要论述。《当马克思遇见孔夫子》的独创之处在于其采用戏剧表现形式，打破了传统理论节目的框架。通过演员扮演马克思和孔夫子的角色，使这两位跨越时空的思想家在由 XR 技术打造的岳麓书院中展开了一场“历史性的相遇”。观众不再是被动的观看者，而是积极融入这场穿越之旅。这种活跃的、开放的文化交流氛围更加贴近年轻受众，为传统文化传播开辟了新的可能性。在对外汉语教学中，也可以借鉴这种跨平台、跨文化的传播策略，利用 VR 等先进技术打造沉浸式学习体验，让外国学生身临其境地感受中国传统文化的魅力。教师设计富有创意和互动性的教学内容，如角色扮演、虚拟文化体验等，激发学生对中国传统文化的兴趣与热情，促进他们文化的深度理解和传播。这种结合数字化媒体与传统文化的教学方式，能够提升教学效果，还能为传统文化的国际传播开辟更加广阔的空间。

（三）文旅产业

文旅产业在数字化时代崛起为传统文化传播的重要场景，展现出强劲的吸引力。通过数字技术的融合，部分文旅市场主体成功打破了时间和空间的限制，通过虚拟现实（VR）和增强现实（AR）技术创造沉浸式的文化体验。例如，2023 年在成都举办的世界大会主题展览中，以“梦幻巴国”和“古蜀文明”为主题的巴蜀文化展区，就以高清投影、AR，VR 等技术，巧妙地将古老的文化元素呈现在观众面前。这种现代化展示将古老的文物展现得更加清晰、真实，使得观众仿佛穿越时空，亲临古代巴蜀文明的现场，感受历史的厚重。这种数字化的展览和体验空间既满足了年轻人对新奇感的追求，又成功地传递了传统文化的内涵。而汉语学习者们无论深处何方，都可以通过这种虚拟现实（VR）和增强现实（AR）技术，跨越时空界限，亲身体验到如“梦幻巴国”和“古蜀文明”这样的古代文化场景，进行沉浸式地学习、欣赏。这种学习方式不仅能激发学生的学习兴趣，还能加深他们对中华传统文化的理解和认同。

文旅产业还通过文创产品的开发将传统文化元素融入商品中，使其成为年轻人生活的一部分。在抖音等社交媒体平台上，一些文创品牌通过短视频形式展示茶具、书法、绘画等多种传统手工艺产品的制作过程，吸引年轻受众的关注。对于在文旅产业中的重要地位的非遗传承而言,数字技术使传播从“离身”走向具身，“使生产者、接受者的主体性都通过技术或情感，得到由外到内，由他者到自我的双向激活”。在对外汉语教学中，教师可以引入这些文创产品作为教学辅助工具，通过展示其背后的文化故事和制作工艺，让学生在实际操作中感受传统文化的魅力。教师还可以利用抖音等社交媒体平台，引导学生关注并学习传统手工艺品的制作过程，通过短视频这种年轻人喜爱的方式，让传统文化以更加贴近生活的姿态融入学生的日常。

（四）电子游戏

电子游戏作为一种数字娱乐形式,已经在年轻一代中取得了广泛的受众基础。近年来，各国政府都在不断加大对游戏产业的扶持力度。2022 年 11 月，欧洲议会通过“游戏决议”，强调要建立一个真正一体化的欧洲电子游戏部门，呼吁加大对游戏研发、人才培训的投入与支持。游戏作为文化产品，在文化软实力构建方面所发挥的巨大作用。2023 年 10 月，国家新闻出版署颁布并实施《关于实施网络游戏精品出版工程的通知》旨在推动网络游戏弘扬真善美、传播正能量，促进游戏产业健康有序发展，标志着国家层面对游戏产业的支持与认可。在业界，《原神》《黑神话：悟空》等国产游戏的相继出海，更是体现了电子游戏在讲好中国故事、传递中国声音方面所蕴藏的巨大潜力。

对于中华传统文化的传播而言，“网络游戏凭借集合娱乐性与审美性于一体的特质，以及中国文化元素与标准游戏语言于一身的设计，正是融通中外的典型文化产品新范畴”，为中华传统文化的传播提供了创新舞台。近年来，《剑网三》《逆水寒》《燕云十六声》《江南百景图》等一批主打古风元素的网络游戏脱颖而出。在这些游戏中，精心设计的古风场景、华美的传统服饰、古老的建筑风格等元素，无不展现出对中华传统文化的深刻理解和热切表达。玩家在游戏中可以体验到古风意境、江山美景，感受武林人物的快意恩仇，满足了玩家对古代华夏文明的浪

漫化想象。其沉浸式和交互式的体验增强了玩家对传统文化的情感认同。

此外，电子游戏还是一种潜在的文化教育工具。透过游戏角色的塑造、任务的设置，传统文化的价值观念可以被巧妙地融入游戏中，引导玩家了解中华传统文化的深层内涵。“中国哲学的基本精神强烈地体现在对于生命的关怀……各哲学派别中最淋漓尽致体现这一基本的哲学精神和特质的非道家莫属。道家哲学以追寻生命根源为理论根点，以探讨生命存在的方式为内核，并进行着探讨人生价值和处世哲学的努力，最终以追求精神的超越和超然为主旨。”在《了不起的修仙模拟器》《鬼谷八荒》等依托道家文化构建的国产修仙类游戏中，玩家通过修炼、探索等游戏机制，不断突破境界、超越自我，并在这一过程中切身体悟中华文明对生命的观照与思考。这类游戏不仅在国内赢得广泛好评，同时也引发了海外玩家的追捧。《了不起的修仙模拟器》英文版的推出在国际市场引发了修仙热潮，其中一位 YouTube 用户对游戏宣传片发表了如下评论：“这款游戏所表现出来的一切都深深地吸引着我。它与西方世界观下的游戏完全不同，我被它完全迷住了。”该评论凸显了电子游戏作为文化产品在国际年轻受众中传播的价值。

在对外汉语教学中，教师可以利用“电子游戏”作为媒介，让留学生以更加生动和互动的方式了解中国传统文化。教师可以推荐富含传统文化元素的电子游戏，如《剑网三》、《逆水寒》等，引导学生在游戏中体验古风场景、服饰与建筑风格，使他们从游戏场景中直观地感受中华文化的魅力。同时，结合游戏内容，教师可以设计相关的教学活动，如讨论游戏中的文化元素、角色背后的历史故事等，以加深学生的理解和兴趣。教师还可以利用电子游戏的交互性，设计角色扮演或模拟任务，让学生在游戏中扮演不同角色，体验传统文化的价值观与哲学思想。例如，在《了不起的修仙模拟器》中，学生可以通过修炼、探索等游戏机制，了解道家文化对生命的观照与思考，增进对中华传统文化的深层理解。

第四章 文化视域下对外汉语教学的历程

汉语是世界上最古老的语言之一，汉语作为第二语言教学也有着悠久的历史。据史书记载，汉代一些少数民族就派人来长安学习汉语和汉族文化，一些国家也向我国派遣了留学生。这应该看作是最早的对外汉语教学。唐代国力强盛，经济、文化、教育发达，是我国古代培养外国留学生的鼎盛时期。宋、元、明、清各代也接受了不少外国留学生，但清代已日渐式微。

在东汉永平年间，印度和西域的传教僧侣为了传播佛教而大批进入中国，开始系统学习汉语和中国文化。他们的到来标志着外国人大规模学习汉语的开端，并对汉语的传播产生了深远的影响。东汉初年，古印度僧人摄摩腾第一次翻译了《四十二章经》，古波斯人安世高“以汉桓帝（147—167）之初，始到仲夏”，“至止未久，即通习华语”，并翻译出《道地经》等34部，这些史料记载说明当时已有不少来华外国人熟练掌握了汉语。

隋唐时期，长安作为世界经济文化交流的中心，成为中国与外域交往的重要枢纽。在这个时期，各国商旅和学人纷纷云集于此，外国人对中国古老文化、先进生产技术和丰富物产赞叹不已。他们对中国表现出了浓厚的兴趣，热衷来中国出使、经商、旅游等活动。他们前来学习汉语，希望能够更好地理解和研究中国的文化精髓。唐代建立了完整的留学生制度，外国学生可以在中国学习汉语和中国文化，这使得汉语的对外教育成为一种较正规化的教学活动。但到了清代，随着统治阶级对内对外均极其严厉的文化政策，文化的交流和中国文化自身的发展都受到极大限制，如日渐衰退的国势一般，汉语和中国文化对外界的影响日渐式微。

20 世纪初，由于列强侵略，战祸频仍，国势日衰，来中国学习的外国留学生就更少了。现代汉语作为第二语言教学，即使存在，也是零零星星，不成气候。比如有的资料提到 20 世纪 40 年代燕京大学的外国留学生要求学习汉语，当时只能请一些既无语言方面的科学知识，又不懂外语的教会中的老先生来教。校方也认为需要改变这种现状，于是 1946 年燕京大学中文系开设了“外国人汉语”这门课，由本校的毕业生任教。教学对象是驻华美军的子女十多人，用的是法国人编的汉语课本。1949 年以前，我国的对外汉语教学情况可见一斑。

对外汉语教学真正发展成为一项事业、成为一门学科则是在新中国成立以后。我国对外汉语教学，从 1950 年 7 月在清华大学成立第一个对外汉语教学机构“东欧交换生中国语文专修班”算起，至今已有 70 多年。

以新中国成立为起点，将对外汉语教学的发展历程划分为对外汉语教学事业开创阶段和对外汉语教学学科发展阶段。在这两个阶段中，文化在对外汉语教学中的地位发生了显著变化。在教学事业开创阶段，文化教育相对薄弱，主要以语言教学为主。然而，在教学学科发展阶段，文化教育逐渐被纳入教学体系，成为教学的重要组成部分。学习者在学习语言的同时，也学习和了解中国的历史、文化、价值观等方面的知识。文化教育的目标是培养学习者的跨文化意识，使其能够更好地理解和融入中国社会和文化。我们试图以对外汉语教学风云激荡的 70 多年时间为研究线索，对文化在对外汉语教学中的地位变化作一个简明的梳理，形成一些有价值的辨识和态度。

第一节　对外汉语教学事业开创阶段

对外汉语教学70多年的发展史，以1978年为界分为两个时期。1978年以前的20多年为第一时期，即开创对外汉语教学事业的时期，是我们对这项新的事业进行摸索、实验并不断积累经验的经验时期。1978年后的这段时间为确立对外汉语教育学科的时期，是我们自觉地进行学科建设，从理论和实践上探讨学科的规律，由经验型向科学型转变的时期。

20世纪50年代初到70年代末是中国对外汉语教学事业的开创期，这段时期对外汉语教学在特定的历史条件下经历了摸索、试验和曲折发展的过程。在这20多年间，通过实践积累经验，逐渐勾勒出了对外汉语教学的基本轮廓，并逐步走上了汉语教育正规化的道路，为后来学科的确立和发展奠定了良好的基础。完成这样的转变并不是一蹴而就的事情，而是一个艰难的、渐进的发展过程。我们又可以将它分为三个时期。

一、初创时期的筚路蓝缕（1950—1961）

这一时期的中国受到了重大社会政治变革的影响，对外汉语教学虽初生，却呈现出了独特的发展轨迹。在中华人民共和国成立初期，新政府面对的是在第二次世界大战后稳定且重建的国际秩序中确立中国的地位。政府认识到通过文化与教育的相互交流，可以增强国际社会主义阵营的团结并支持第三世界国家的发展。汉语的国际化便是在这一战略背景下提上了日程。

在这个时期，中央政府主动推广汉语的国际化进程。一个重要方式是通过政府奖学金项目，鼓励来自友好国家的学生和外交官学习汉语。这些外国学生被视为文化交流的桥梁，被期望在学成回国后能够成为中国与其母国友好关系的推动者。此外，对于在华的外国专家及其家属，中国也提供了汉语教学机会，以满足他们对中国语言和文化的兴趣。

1950 年 1 月中旬，捷克斯洛伐克和波兰政府首先向中国政府提出了交换留学生的建议。6 月 25 日，政务院总理周恩来亲自主持会议研究此事，并责成当时的政务院文化教育委员会、外交部、教育部组成专门小组，拟定计划与有关国家商谈交换留学生事宜。根据周恩来总理的指示，中国政府同意了与捷克斯洛伐克、波兰分别交换 5 名留学生。

此外，中国还主动向罗马尼亚、匈牙利、保加利亚等国政府提出各交换 5 名留学生的建议，建议得到上述国家的积极回应并很快达成协议。1950 年 12 月，罗马尼亚 5 名留学生、保加利亚 5 名留学生和匈牙利 4 名留学生陆续抵达清华大学，专修班开课。1951 年 1 月和 9 月，又有波兰 10 名、捷克斯洛伐克 8 名和匈牙利 1 名留学生加入专修班，专修班留学生人数达到了 33 人。

1950 年成立的清华大学“东欧交换生中国语文专修班”于 1951 年初正式开课，拉开了新中国外交留学生汉语预备教育的帷幕。1950 年至 1960 年，来华留学生仅有 2844 人。在这一时期，通过摸索、试验和艰难的努力，中国逐步勾勒出了对外汉语教学的基本轮廓，并为后来该学科的确立和发展奠定了基础。这段时期的努力为中国对外汉语教学的长足发展奠定了坚实的基础，也为世界各国人民学习汉语和了解中国提供了更好的机会。

二、巩固时期的方兴未艾（1962—1965）

经国务院批准，1962 年 6 月在北京外国语学院外国留学生办公室的基础上正式成立“外国留学生高等预备学校”，以适应对外汉语教学事业不断发展的需要。

一是教学规模进一步扩大。1965 年底在校的外国留学生总数为 3312 人，是 1961 年在校人数的 7 倍多。这四年间共接收外国留学生 3944 名，超过了前两年的总和。从事这项任务的学校也由一所发展到 23 所。[①] 二是在教学体系的建设方面，本阶段在巩固、发展汉语预备教育的同时，已着手试办汉语翻译专业。对外

① 王许童心，管秀兰，赵惠霞．对外汉语教学架设传播中华文化的桥梁 [N]. 中国教育报，2029-09-27（7）.

汉语教师的培养工作，也由于划归北京语言学院承担而得到进一步落实。三是在教学法的研究方面，开始对 15 年来所积累的经验、长期以来争论的问题进行了总结。

随着中国与多个非西方国家建立了广泛的政治联系，政府开始更加有计划地推广对外汉语教学，作为文化外交的一部分。当时，许多非西方国家与中国拥有相似的政治理念或发展目标，双方均以建立更紧密的伙伴关系为目的，进行了丰富多样的文化交流活动。这些文化交流通常具有双向互惠的特性，为中外方参与者提供了相互了解和共同学习的平台。

在这一外交和文化背景下，汉语教学作为一个有力的传播渠道，开始在中国与这些国家之间的文化交流中占据重要位置。对外汉语教师在教授语言技能的同时，往往会根据个人的知识储备和课堂实际情况，引入与汉语相关的文化内容。他们可能在课堂上分享有关中国的地理知识，介绍节日及风俗习惯，讲解中国历史上的重要事件或英雄人物故事，甚至还可能教授基本的中国书法和艺术欣赏。这种教学方法因其实践性和生动性，深受外国学生欢迎，不仅帮助他们更好地掌握汉语，并且对于培养他们对中国文化的兴趣和深度理解起到了至关重要的作用。在整个开创阶段，尽管对外汉语教学中文化内容的引入缺乏系统化和理论性的支撑，但这种自发的文化传播活动成功地为中华文化在海外的推广打下了扎实的基础，并为后续更为系统和有组织的对外汉语教学实践奠定了基础。

20 世纪 50 年代的艰苦摸索为中国对外汉语教学事业的发展奠定了基础，而在 60 年代初，对外汉语教学逐渐走上正规化的道路，并取得了显著的进展。这一时期的努力为中国对外汉语教学事业的长足发展打下了坚实基础，并为后来的发展奠定了重要的经验积累。然而，1966 年夏天爆发的“文化大革命”使我国陷入一场空前的浩劫，对外汉语教学这株幼苗也遭到了严重的摧残，几乎被扼杀。从此，全国的对外汉语教学中断了六七年。

由于政治局势的紧张和国际形象的考量，外籍学生和学者的汉语学习机会减少，与世界的教育文化交流几乎中断。然而，即使在这样的背景下，汉语教学并未彻底停滞。某些地方的汉语教育活动仍在小规模、有限的范围内持续，部分外籍学者在特殊许可下,可能仍有机会学习汉语,并探求中国文化。特别是到了“文化大革命”的后期，随着国内外政治形势的变化，中国领导层开始重新考虑对外开放的政策，逐步恢复国际交流和汉语教育。这种转变虽然缓慢，但为改革开放后对外汉语教学的发展埋下了伏笔。

1978 年改革开放政策的实施标志着开创阶段的结束，同时也为对外汉语教学的进一步推广和系统化开辟了道路。教学内容开始结合现代化教学手段，更加重视学生的实际交流能力，以及将中国的传统文化与当代现实紧密结合，为后续的文化教学意识觉醒和学科发展阶段奠定基础。

在这一阶段对外汉语教学的文化内容尽管呈自发性质，但已经开始作为中国文化传播的一部分，对促进国际交流起到了积极作用。教学中的文化元素虽然没有系统的理论支撑，却以其生动性和实际性，对外国学习者产生了深远的影响，为中国文化的海外传播打下了初步基础。

三、恢复时期的重整旗鼓（1972—1977）

在 70 年代初，中国国际地位的提高和外交突破为对外汉语教育带来了新的发展机遇。随着中国在联合国合法席位恢复、中日邦交正常化以及中美关系正常化等重大事件的发生，许多国家纷纷要求派遣留学生来中国学习。同时，国内高等学府也恢复了对外留学生的招生，对外汉语教育的重建成为当务之急。在教学理论研究方面，这一时期提出了“实践第一”的观点，强调课堂实践必须与社会实践相结合，将实践性原则确立为对外汉语教学的基本原则。这意味着教学应当注重培养学习者的实际语言运用能力,使其能够在实际交际中灵活运用所学知识。

我国对外汉语教学的整个发展过程是从应对之需到主动出击的过程。起初，对外汉语教学是为来华的外国人提供汉语言的基本技能训练，在国内成立专门的学校和机构，侧重于“请进来”，可以说在这一时期我们的对外汉语教学还处于被动应对的阶段。来华学习汉语的人数很少，对外汉语教学尚未成规模、系统化，对外汉语教学的理论和方法也处于初始启动阶段，很多想法和做法都不是很

成熟。

自1950年设立“清华大学东欧交换生中国语文专修班”以来，从“对外汉语教学”到“汉语国际教育”历经70余载，新中国国际中文教育事业持续发展，规模不断扩大，质量不断提升，学术成果不断丰富，取得了举世瞩目的成就。

四、开创阶段对外汉语文化教学的特点

（一）政治导向性强

在新中国成立初期至“文化大革命”之前的对外汉语教学中，政治导向性的体现是显而易见的。社会主义建设和国际共产主义运动的理念，不仅渗透到社会的各个层面，也深刻影响着教育系统，包括对外汉语教学。那时的教材和课程设计中包含了许多政治内容，如毛泽东思想以及其他社会主义核心价值观。即使在语言教学活动中，也会有意识地引入这些政治宣传，目的是通过教育培养国际友人对中国政治和社会制度的理解与支持。例如，课文中的对话或阅读材料可能会设定在集体农庄或工人生活的背景下，穿插有推崇社会主义生活方式的言论和实例。

（二）文化自发涵盖

开创阶段的对外汉语教学还没有形成完善的文化教学体系。教师在教学过程中会基于个人的经验和对文化的理解主动引入相关内容，以此充实教学材料和丰富学习环境。这些文化元素的融入往往是非计划性的，或许涉及中国的传统节日、饮食习惯、民间故事以及日常交往中的礼仪等方面。这种做法虽然缺乏系统规划和标准化的教学策略，但为外国学生提供了一扇窥视和感知中国文化的窗口，帮助他们在学习语言的同时，对中国社会和文化有更直观的认识。

（三）以语言为主导

在这一阶段，对外汉语教学的核心是语言知识和技能的传授，主要强调语言形式的训练，如汉字的书写、语法结构和基本词汇的掌握。文化教学并未成为主流，通常被视为辅助内容，而非教学的中心。教学方法多采用传统的课堂教学模式，比如讲授法、翻译练习和模仿练习，集中在提高学生的汉语水平，特别是提

高其阅读和书写能力。在那时的中国，还没有充分认识到文化在语言教学中的重要性，因此教学目标和评价体系普遍倾向于语言技能的实际运用，而非跨文化交际能力的培养。

（四）教育资源有限

在社会主义建设初期，对外汉语教学资源的稀少是由多种因素决定的。首先，经济基础的相对薄弱限制了教育领域的投资，导致教材编制、出版以及教学工具的开发滞后。其次，高质量师资的缺乏也是一个重要因素。当时掌握外语并且能够进行对外汉语教学的专业人才稀缺，很多教师在教学方法和语言教学理论方面的训练不足，难以满足高标准的教学要求。此外，教学设施的老旧和缺乏，如电子设备、多媒体学习资源等现代化教学支持，同样制约了对外汉语教学的质量和效果。

（五）交流与实践较少

在当时的对外汉语教学中，交流与实践机会的缺乏同样是一个显著问题。由于政治环境的特殊性，国际交流相对受限，学习汉语的外国学生很难找到足够的语言实践环境。他们的学习经常局限在教室之内，缺乏将语言知识应用于真实交流场景的机会。比如，外国学生少有机会参与到中国社会的日常生活中去，与母语者进行深入交流的机会有限。这导致学习者对语言的实际运用能力发展缓慢，跨文化理解和交际能力的培养也受到了影响。此外，相关的文化体验活动和实地考察也较为稀少，限制了对汉语及其文化内涵深入了解的途径。因此，尽管学生可能在课堂上学到了语言的基础知识，但他们应用这些知识进行有效沟通的机会太少，这在一定程度上制约了语言学习的成效。

（六）单向传播模式

在开创阶段的对外汉语教学中，教学模式多以教师为中心，教学过程中教师的角色是信息和知识的主要传递者，而学生的角色则被动地接收教师提供的教育内容。教师主导的讲授法在那个时期占主导地位，课堂上往往是教师在前面讲解汉语的各种知识点，学生则在下面听讲、记笔记。这种模式在一定程度上可能导

致师生互动的机会较少，学生参与和实际使用语言的机会有限，其结果可能是学生口语和听力技能发展不足。由于教学相对单向，学生的个性化需求和反馈不容易得到足够重视，这可能影响教学内容的实际适用性和效率。在一定程度上，这种教学风格可能阻碍了学生批判性思维和创造性语言运用能力的发展。

第二节　对外汉语教学学科发展阶段：文化教学的自觉探讨（1978 年至今）

在改革开放以后的几十年里，中国的对外汉语教学事业经历了繁荣发展的黄金时期。宽松的国内政策和和平的国际环境为这一事业提供了良好条件，推动了对外汉语教学的创新和发展，其面貌开始发生重大变化。越来越多的国际学校、语言中心和各类教育机构纷纷开设对外汉语课程，提供专业化、多样化的汉语教学服务。同时，中国的对外汉语教材和教学资源得到了进一步完善和国际化，更加贴近学生的学习需求和文化背景。

一、文化教学的自觉探讨阶段

（一）1978 年：改革开放的起点

1978 年，随着改革开放的号角响彻神州大地，中国开始了一场前所未有的社会经济革新。这场变革对中国的各个领域产生了深远的影响，其中教育领域尤其突出。对外汉语教学事业，在这场变革的浪潮中迎来了自己的春天。实施改革开放政策使得长期以来相对封闭的教育体系开始了对外开放的步伐。教育机构获得了更大的自主权和灵活性，能够根据社会需求和国际形势的变化，适时地调整教学方向和内容。

对外交流的增多，使得国际社会对中文和中国文化的兴趣和需求急剧攀升。外国人士对汉语的学习不再仅限于对中国的好奇和兴趣，而是出于经济合作、文化交流以及个人职业发展的实际需求。汉语的实用价值开始被国际社会所认可和追求。在此背景下，对外汉语教育得到了前所未有的重视，相关教育资源开始逐步增加，并且更加注重实际应用能力的培养。

一系列的政策推动和市场需求的增加共同促使对外汉语教学事业开始向广度和深度发展。汉语不再只是作为一种简单的交流工具被教授，其中所蕴含的文化元素也开始被逐渐引入课堂，教学内容和方法更加多样化，学术研究和教材编写也逐步向专业化和系统化方向发展。这一年不仅见证了中国经济的起飞，更开启了对外汉语作为学科自身发展的新纪元。在此之后，对外汉语教学已经成为中国对外教育和文化交流的重要组成部分，其影响力和重要性持续上升。

为推动学科的理论建设和教材建设，先后创办了专业性刊物并成立了专业出版社。1979 年 9 月原北京语言学院的内部刊物《语言教学与研究》改为正式出版的季刊，成为我国第一个对外汉语教学的专业刊物。到 70 年代下半期，特别是进入对外汉语教学发展的第二时期，即确立学科时期，这一教学门类单一的现象得到了彻底的改变，开始了本专业的大学本科教育和研究生教育。

（二）20 世纪 80 年代初期：教育事业的推动

进入 20 世纪 80 年代初期，随着改革开放政策的深入实施，中国对外汉语教育事业得到显著推动。在这一时期，重要的教育机构如北京语言学院——后来的北京语言大学——承担起了对外汉语师资的培养和汉语教学方法研究的双重任务。该校通过组织专业的师资培训课程和开展对外汉语教学法的研究，大大提升了对外汉语教师的专业水平和教学质量。研究机构的成立不仅促进了教师的专业发展，还推动了汉语教育学科的学术研究，使对外汉语教学逐步科学化和规范化。

80 年代初期，这样的创新和推动显著地提高了对外汉语教育的国际竞争力，为中国文化的海外传播开辟了新的途径。汉语不仅作为一种重要的沟通工具传授给了世界，而且借助这一阶段的努力，中国丰富多彩的文化也开始走向世界，对外汉语教育成为连接中国与世界的重要桥梁。教育机构的建立和教材的创新成为那个时代对外汉语教学领域的重要里程碑，奠定了后续发展的坚实基础。

（三）20 世纪 80 年代中期：理论探索与实践发展

在 20 世纪 80 年代中期，对外汉语教学进入了理论探索与实践发展的新阶段。这一时期的标志性事件是 1985 年举办的全国对外汉语教学研讨会，这是一次规模宏大的学术盛会，汇聚了全国各地的对外汉语教育专家和学者。研讨会的举办标志着对外汉语教学专业知识系统的逐渐成熟，专业的理论和实践问题得到了深入讨论。在这个平台上，教学方法、教学内容、教师培养、教材编纂等方面的问题被广泛讨论，这对推动对外汉语教学的发展起到了重要的推动作用。

同时，对外汉语教学专业化教育也在这一时期得到发展。越来越多的高等教育机构开始设立对外汉语专业，系统培养对外汉语教师和进行教学理论的研究。这为对外汉语教学事业的专业发展和人才培养提供了强有力的支撑。学校开设的课程不仅仅包括汉语语言知识的教授，更重视教学法、第二语言习得理论、跨文化通讯技能等方面内容的讲授。

对外汉语专业的开设，加强了汉语教师的专业培训，同时聚焦了教学理论的研究，形成了一套更加科学、系统的对外汉语教学体系。该体系不仅关注语言本身的传授，也强调如何更有效地教授中国文化，以及如何提升学生的汉语应用能力和跨文化交际能力。通过专业化的教育和理论的深入探索，对外汉语教学在这一时期形成了科学性和实用性相结合的独特风格，为对外汉语在国际上的推广和传播打下了坚实的基础。

通过上述时间节点的事件和举措，我们可以看到 1978 年至 1988 年对外汉语教学事业中的文化教学意识是如何从觉醒逐步走向成熟。在政策的推动和学术界努力下，对外汉语教学正逐渐由单一的语言教学扩展为包含丰富文化内涵的综合性教学。这期间的发展为后续对外汉语作为学科不断进步奠定了坚实的基础。

二、文化讨论热烈，文化教学地位确定（1988—1995）

（一）1988 年：观念的重要转变

随着 1988 年到来，对外汉语教学领域迎来了重要的观念转变——文化教学意识的觉醒。在此之前，虽然已有一定程度上的文化内容被纳入汉语教学中，但是更多的还是停留在应试教育和语言技能的传授上。到了 1988 年，教育观念开始发生深刻变化，文化课程和内容成为对外汉语教学不可或缺的组成部分。

自此时起，汉语教材不再仅仅局限于语言知识和语言技能的训练，相反，它

们开始系统性地纳入中国文化的各种元素。传统教材中少有提及的文化主题如中国的传统节日，例如春节、中秋等，开始以更浓重的笔触出现在教材章节中。汉语学生通过学习相关的词汇和背景知识，不仅学会了如何表达节日的祝福，更是通过这样的语境学习理解了这些节日背后的文化意义和社会价值。此外，民俗和历史故事的引入,使得语言学习变得更加生动和有趣。学生们在学习语言的同时，通过故事能够了解中国的历史沿革、社会结构和文化习惯，这对于提高学生学习的兴趣和文化认同感具有重要作用。教材编写者们开始更加注重文化教学内容的设计和编排，力求通过语言教学向学生传递更加全面和深刻的中国文化图景。

1988 年的这一转变不仅仅是内容层面的更新，更是一种教学理念上的进步。它标志着对外汉语教学从过去的语言中心转变为语言和文化相结合的综合教学模式，体现了教育界对于文化在语言教学中重要性的认识和重视。从此，文化教学不仅在教材中占据了一席之地，更成为对外汉语教师教学设计的一个核心组成部分，为对外汉语教学带来了深远的影响。

（二）1989 年：学术界的文化讨论

1989 年在对外汉语教学的历史长河中占据着举足轻重的位置，尤其是在学术界对文化教学价值的认识和讨论方面。这一年，文化教学成为了学术研讨的核心议题，各类学术会议、研讨会和论坛上频繁出现有关如何将文化内容融入汉语教学的深入交流和讨论。

学者们围绕“如何在汉语教学中有效地结合文化内容”展开研究，期望找到最佳的策略使学生在学习汉语的同时能够深入体验并理解中国文化。教学实践者探索不同的方法来设计课程，使传统民间故事、文学作品、历史事件以及日常生活习惯等文化元素能够自然而然地融入课堂教学中。这些举措不仅丰富了教学内容，也提高了汉语学习的趣味性和实用性；另一个热点话题是“如何评估文化教学的成效”。传统的语言教育评估体系往往重视语言知识与技能的掌握，而对文化能力的评估并不明确。如何在评估体系中合理地设定文化教学目标，以及如何衡量学生对文化知识的掌握和对跨文化交际能力的提高，成为迫切需要解决的问题。论坛和研讨会为教育工作者与学者提供了交流意见、分享最佳实践的机会。

1989年文化教学的热议在学术界引发了广泛共鸣，进一步丰富了对外汉语教材的内涵，也推动了教学方法的创新，使得汉语作为一门外语的教学更加注重学生的全面发展，特别是在跨文化交际能力方面。这一年的讨论明显加深了学术界对汉语文化教学重要性的理解，并为后续对外汉语教学的理论与实践提供了丰富的灵感和有力的支撑。

（三）20世纪90年代初：教材编写方面的革新

20世纪90年代，对外汉语教育领域呈现出明显的变革趋势，特别是在教材编写方面。这一时期的教材编写者更加专注于融合语言学习与文化教育，以全新的视角重构教材框架和内容。

在此阶段，对外汉语教材不再将重点仅仅放在语法、词汇和句型练习上，开始转向更加平衡和全面的教学内容布局。除了基础语言知识，这些更新的教材糅合了丰富的文化素材，如中国哲学思想的基本概念、中国古典和现代文学作品的精选片段以及对中国社会发展历程的深入解读。这些内容不仅增强了学生对语言背后文化的理解，也激发了学生深入探求和欣赏中国文化的热情。例如，引入孔子的“仁爱”“中庸”等思想让学生体会到汉语词汇中蕴含的哲学深度；通过阅读《红楼梦》或现代散文选摘，学生可感受到中国文学的美学魅力；探讨改革开放以来的社会变革，使得学生理解现代汉语在社会语境变化中的演进和使用。这些深入的文化内容丰富了语言教材的内涵，使教材成为连接语言与文化的桥梁，而非单一的语言信息传递工具。

20世纪90年代初期的教材编写革新，不仅提升了对外汉语教育的质量和深度，也为推动汉语成为一种国际化语言作出了重要贡献。通过综合语言学习与文化理解，这些教材有效地帮助外国学生更好地融入汉语环境，更全面地理解中国社会。这一时期的教材革新，也反映了对外汉语教学理念的成熟与发展，它不仅重视语言的直接传授，更加强调通过语言学习拓展学生的文化视野和跨文化交际能力。

（四）1995 年：学术成果的凝聚与国际合作

至 1995 年，对外汉语教学领域经历了整整一个十年的发展和扩张，文化教学的理念和实践已经在学术界和教育实践中得到了广泛的认可和重视。这一年，有关汉语文化教学的学术研究取得了丰硕成果，同时在国际合作方面也迈出了重要的步伐。

随着中外合作项目的增多，国际社会开始更加注重汉语作为一门外语的文化承载力，学术交流也变得更为频繁。许多中国汉语教师和学者被邀请参与国际会议，他们的参与不仅是学术创新的展示，更是对汉语以及中国文化的国际推广。在这些国际平台上，跨国的学术项目和研究合作得到启动，汉语教育和文化交流的网络因此得以扩展。

1995 年还见证了多项汉语教学的国际合作项目落地实施，这些项目包括学术交流、联合辞书工作、教材共编以及教师交换等，它们的实施有效促进了汉语教学方法和内容的国际化。通过中外教育机构和学术组织的联合，汉语学习不再是孤立的语言学习过程，而是一种多元文化交流和互动体验。

1995 年对于对外汉语教学而言，是承前启后的关键一环。学术成果的凝聚代表了文化教学理念的成熟，国际合作的深化则预示着汉语及其文化将在更广阔的国际舞台上发挥作用。从此，对外汉语教学不仅是语言知识的传授，更是中华文化精粹的国际传播，也为世界各国人民提供了认识和了解中国的新途径。

整体来看，这一时期内部分及全国性的政策和学术活动相继出现，标志着文化教学在对外汉语教育中的角色被明确和重视。文化元素与语言教学的融合更加紧密，文化讨论热烈而深入，文化教学在此时期经历了显著的发展。

三、文化内涵复杂，文化教学研究深化（1995 年至今）

（一）1995 年：文化教学研究基石的确立

1995 年，对外汉语教学中文化教学研究的基石被坚实地确立。在这一年里，全球对外汉语教学界开始更为深刻地理解和重视将中国文化的复杂多维性整合进教学体系之中的必要性和紧迫性。这一年成为中国文化传播及其在汉语教学中角色认知的转折点。

教材编写者和课程设计者为了捕捉和呈现中华文化的丰富性和深度，开始进行一系列突破性的尝试。教材不仅仅是语言的载体，更成为文化的传播媒介。新编教材不再局限于表层的文化标签介绍，如食物、服饰、节日等，而是更深入地探讨了哲学思想、文学经典以及艺术传统等领域。教材中的文化内容与语言知识的学习相结合，提倡通过情境式教学、案例分析和批判性思考来让学生体验和理解文化的内涵。

同时，课程设计上也体现了创新意识。传统的汉语课程框架被重新构思，设计师们开始更加注重与实际的文化实践相结合，如通过模拟真实的社交场景、讨论中国的时事政治、社会变迁等话题，以及分析文化差异和国际关系中的中国角色，使得汉语学习者在提升语言能力的同时，更能全方位地了解中国的历史和现状，培养跨文化交流的能力。

（二）2000 年：文化教学普及化与实践标准的形成

随着千禧年的到来，对外汉语教学迎来了普及化的浪潮。在这一年，文化教学的理论与实践不再是封闭的学术讨论话题，而是变得日益普及，对教学标准和框架产生了显著影响。

在对外汉语教学中，文化教学理论开始从较高级别的教育机构扩散到更广泛的教学场所，包括中小学水平以及非正式的教育设置。此时的文化教学不再仅限于语言的沟通功能，而是强调以文化内容为载体培养学习者的语言能力。这种理论认识的转变推动了教学目标和内容的重构。

与此同时，相关的教学标准和框架也应运而生，它们体现在新的教学大纲、评估体系和资质认证上。例如，开始注重学习者的跨文化交际能力的评估，而非仅仅是语言技能的掌握。强调学习者在真实交际情境中使用汉语时，对文化差异的理解和适应能力。

在国际层面上，随着中国与世界各国交流的加深，对外汉语教学标准与框架得到了国际认可，并在各地汉语教学机构中得到了广泛应用。全球范围内的汉语

教师开始共享教学资源，并以新的文化教学标准为指导开展教学活动。国际合作与交流项目的兴起也反映了此时期汉语文化教学的国际普及趋势。

（三）2008 年：全面推广与国际交流的加强

2008 年，随着北京奥运会的盛大举办，中国迈向了文化全球化的新纪元。这一全球关注的盛事不仅展现了中国的传统与现代相融合的独特风貌，而且也极大地促进了中外文化的交流与互动。在这一年，“中华文化全球化”的概念逐渐深入人们心中，对外汉语教育也因此迎来了前所未有的发展机遇。

2008 年梁冬梅指出：“不少专家学者已经意识到了编写国别汉语教材的重要性。”为此，教材开始现实化和实用化发展。21 世纪以来，新一代教材基本摆脱了以文学作品为主的做法，更加贴近中国社会现实。例：《新实用汉语课本》（初中级综合课本）《发展汉语》（初、中、高“听说读写”系列配套教材）《博雅汉语》（初、中、高综合课本）再比如，电视连续剧《家有儿女》是一部情景喜剧，风靡中国，深受观众喜爱。因此，世界图书出版公司北京公司精选购买了其中的 12 集，改编成一套（三册）《家有儿女》中高级汉语视听说教材（2009 年出版），并配有与剧情相关的“文化点滴”，介绍代表中国文化特质的观念、行为和事物。这套教材不仅可以使学习者学到鲜活的生活口语，更能很好地了解中国的家庭、教育和社会生活。

同时，国际交流与合作项目数量显著增多，包括孔子学院的建设、国际学术研讨会的频繁举办以及各种文化交流活动。这些活动不仅加深了外国人对中国的了解，而且提高了汉语作为国际语言的影响力。

（四）2010 年至今：跨学科研究的兴起和技术应用的创新

自 2010 年起，对外汉语教学领域进入了跨学科研究和科技应用创新的新时代。在这一时期，汉语作为一种文化载体，其教学内容和方式不再局限于传统的语言学知识和教学法。跨学科的研究方法促进了汉语教学理论与实践的融合，同时，不断涌现的新技术也为汉语教育提供了全新的推广途径。

借助心理学、社会学、传媒学等多个学科的理论和方法，汉语教学开始注重语言使用背后的心理机制、社会文化因素以及传播媒介的影响。这样的学科整合不仅赋予汉语教师更宽广的视角，也帮助学习者深入理解语言在不同社会文化背景中的实际应用。通过引入这些多元学科的知识，汉语教学的内容更加全面，课堂教学也更为丰富和有趣味性；同时，新技术的应用，尤其是网络教学平台的兴起和多媒体资源的丰富，为对外汉语教学的推广和国际交流开辟了更加便捷和有效的渠道。网络教学平台允许教育资源的共享和在线互动，突破了地理位置的限制，使汉语学习更加易于接触和普及。而多媒体资源的运用，则丰富了教学手段，使抽象的语言知识与直观的文化现象相结合，增强了教学的感染力和实效性；这一时期的另一大特点是个性化教学的开展，智能化技术的应用如人工智能教学辅助工具、大数据分析等，使得教学可以根据学习者的能力和进度进行适配。通过这种个性化的学习路径设计，学习者能够根据个人需求、兴趣和学习风格获得更加贴合的教学内容和学习体验。

从 2010 年至今，跨学科研究的兴起和新技术的应用，不仅极大地丰富了对外汉语教学的内容和方法，也显著提高了中华文化传播的广度与深度，为对外汉语教育的未来发展带来了全新的视野和动力。

由 1995 年至今的时间轴可以看出，对外汉语文化教学日趋成熟，表现在对文化内涵的持续探讨和深化研究上。专业教师的培养、教学内容的更新迭代，以及教学方法与技术的创新运用，共同推动了对外汉语文化教学的逐步深化。随着中国在国际舞台上的影响不断扩大，对外汉语的文化教学将继续在全球语言教育中扮演重要角色，为汉语学习者提供更为丰富和立体的文化学习体验。

第五章 中国传统文化传播在对外汉语教学中面临的问题

当代中西文化交流，与历史上的任何一次交流活动都不一样，给中国传统文化传播带来了挑战和机遇，传统文化只有通过主动“走出去”才能在中西文化交流中占一席之位。在我国综合实力不断提升的同时，很有必要将中国的传统文化传播出去来构建中国的形象，只要我们能够根据自己的国情，坚持我们既定的原则，就会不断提升我们的文化自信，加快传统文化的传播步伐，从而彰显传统文化价值。

中国传统文化传播不可能一帆风顺，会遇到来自国内外的诸多困难和挑战，主要包括认识上的误区、意识形态方面的冲突、国际贸易壁垒的存在、宣传手段的失当、市场需求的误判，等等。中国传统文化传播面临诸多问题。

第一节 文化教学目标狭隘抽象

在对外汉语教学中，除了传授语言知识和技能，增强学生对中国文化的理解和欣赏也是至关重要的。对外汉语教学的文化教学目标应该超越简单的文化知识传授。教师应该引导学生深入思考中国文化的核心价值观、思维方式和行为规范，培养学生对中国文化的深入理解和尊重。对外汉语教学的文化教学目标狭隘抽象成为一个需要关注和改进的问题。

一、跨文化意识的缺失

“语言的变化往往反映了一种文化价值观的变化。”语言和文化是相互联系的，对两者的学习绝不能孤立开来。根据《大英百科全书》上所记载，语言与人类社会生活的方方面面息息相关，理解周边文化对学习语言非常重要。不仅如此，语言还构建和改进了文化的价值。著名的语言学家肯·黑尔在语言和文化的关系上分享了他的观点。他认为，文化烙印在语言当中，如果语言消失了，一部分文化也会消失。文化影响着我们的核心传统和价值观，影响着我们在社会上和他人交流的方式，而语言让交流变得容易。简言之，语言促进了社会间的交流，而文化帮助我们学会如何处世，学会如何与他人交流。

语言和文化一直都是不断进化的。比如，今天使用的英语和古英语就有很大的不同。同样，你会发现西方的新文化和旧文化也存在着一些差异。语言和文化随着时间的推移，产生了巨大的变化。

理解外国文化对于学习外语帮助巨大。如果你想要学习一种或者多种语言，你就必须分别学习各个地区的文化。俗话说得好：“说到不如做到。”为了与外国友人有效沟通，必须意识到与他们的文化差异。因为文化和语言是相互交织的。如果想要提高第二外语的能力，就必须同时处理好文化和语言的关系。

文化影响教育的理念和方式，教育是文化的体现，第二语言教学是一种跨文化的教学活动，教学方式、课堂行为、学习风格无不受到文化的制约。而这些方面的跨文化差异会给来自不同文化的师生的交流和教学过程带来挑战。了解教育环境中跨文化交际的特点，有利于汉语教师在不同的文化环境和教育背景中有针对性地进行汉语教学，促进汉语国际推广事业的发展。

二、文化目标的表述失于含混

语言的四项技能是指听、说、读、写技能，即听话理解能力、口头表达能力、阅读理解能力、笔头表达能力，一般也称为听话技能、说话技能、阅读技能和写作技能。语言技能是指个人运用语言的能力，这里的语言是指说话人可能表达和理解的内容，是个人说的话，具有信息属性，所以说语言技能应该是“言语技能”。外国人学中文掌握语言本身是不够的，必须同时学习该语言所代表的文化；对外汉语教学要培养的交际能力实际上是跨文化的交际能力，需要跨文化交际学的理论指导语言教学；外国学习者在学习汉语的同时都要求更多地了解中国社会和文化，甚至要学习专业性的文化知识。

文化依赖于语言，语言推动着文化的传播，这也是显而易见的事实。语言，构成了人的最重要的文化环境，直接塑造了人的文化心理。因此，我们可以说，由于语言与文化之间相互制约，又互相依赖、互相推动发展的关系，如果脱离了“文化”概念，深入的语言研究几乎是不可能的。文化的研究离开了语言，将会同样地产生理论上的缺憾。语言本身就是民族文化的一种载体，浸透了文化内涵。况且使用语言的人本身就是文化的创造者，又可以说是文化的产物，自然不能摆脱文化的制约。

那么，在对外汉语的教学过程中，我们可以发现，有些语言点学生搞不清楚其中的由来，正因为语言的基础是词汇，核心是词义，词义与文化的关系最真切，词汇也就成为体现民族文化精神最明显的语言结构形式，所以在词汇结构的文化内涵发掘方面花费工夫也多。如从词汇内部结构本身看，汉语词形、词义的关系比西方表音文字要紧密，汉语词汇中有的词形直接表示词义，也就包含着更丰富的汉民族文化内涵；从汉语词义的引申与汉民族审美意识的角度，也可以揭示词汇意义与文化共同演变的事实。词义的引申总是以联想为其必要的心理基础，文化传统不同，认识活动中的联想方式也就随之而不同，民族语言中词义引申的也不同，其词义中包括的文化意义也不同，而且，民族的审美趣味、审美理想等作为主体认识图式的构成要素。文化特征在固定的词组、习惯语中的作用也很突出，其成语典故大多与民族心理、习惯有关。如成语、谚语、惯用语是中国语言中文化性很强的词汇。汉语中常用的成语近三千条，外国留学生如果不了其中的文化内涵，仅从字面上是无法准确理解成语的真正含义的。

通常在不同的社会环境中，适当理解、表达话语的能力；也就是说，词汇和结构的选择取决于说话者的背景、社会地位以及说话者之间的关系。比如，中国人见面时常常会问“多大啦？”“一个月挣多少钱？”等诸如此类的私人问题，但对于外国人来说就是非常不礼貌的。在交际语言教学中，教师在教学中不仅仅要传授语言知识，而且要设置各种交际活动来提高学生的交际能力。教师不仅是语言的传授者，而且还是课堂活动的协调者、管理者、顾问和语言的指导者，教师的地位由“主角”变为指导。而学生在教学活动中由“配角”变为“主角”，积极主动地参与到课堂教学的各个环节中来。

80年代，我们确立了培养交际能力的对外汉语教学目的，引起了很多学者和专家的关注。在对外汉语教学中，确立培养交际能力的目标是十分重要的，这一目标强调学习者能够有效地运用汉语进行交际和沟通。然而，对于“交际能力”这一概念的内涵确实存在着不同的理解和解释。1990年，吕必松在《关于教学内容与教学方法问题的思考》一文中首先对交际能力和语言技能这两个概念的关系进行了分析：“言语是否正确是语言技能方面的问题，而言语是否得体是交际技能方面的问题。交际技能必须以语言技能为基础，不具备语言技能就谈不上交际技能……交际技能不是通过语言技能的训练就能自动获得的。因为它不但跟言语因素有关，而且跟语言心理和文化背景知识有关。要使学生较快地形成一定的交际能力，除了传授语言内容和训练语言技能以外，必须通过一定的方式对交际

技能进行专门的培养和训练。”

吕必松在其论述中指出，语言技能和交际技能是密切相关的，语言技能是基础，而交际技能则涉及言语的得体运用、语言心理和文化背景知识等因素。他强调了交际技能的培养需要专门的训练和培养，而不仅仅通过语言技能的训练就能自动获得。同年，盛炎在第三届国际汉语教学讨论会上明确解释了交际能力的内涵和构成要素。对于文化目标，不同的教材、教师和教育机构可能有不同的理解和定义。有时候，文化目标的表述过于宽泛，缺乏具体的指导和教学目标。学习者可能感到困惑，不知道应该具体学习哪些文化知识和技能。

三、文化目标的实施难于操作

文化差异是客观存在的，但人们对差异的态度和倾向却是主观的，于是就产生了文化误读。文化误读根源于文化差异，是基于己方的社会规范、观念体系、思维方式等对另一种文化产生的偏离事实的理解和评价。文化误读常常具有浓厚的政治和意识形态背景。由于服务于解释者的某种利益需要，这种误读通常比较稳定，也往往会形成误导，导致对所阐释的文化产生偏见和歧视。跨文化交往中，除了社会规范、观念体系、思维方式等来自文化深层结构的原因，解读者自身的知识背景、社会地位等也是造成误读的因素。

跨文化冲突的有各种原因，显性的原因在于语言障碍和礼仪和行为规划。每个人在自己的母语文化环境中形成了独特的价值观、行为习惯和沟通方式。当我们学习第二语言时，母语文化的特征可能会对我们的交际产生一定的影响，特别是当我们尝试将自己的文化习惯应用于另一种文化时。在中国，对别人的健康状况表示关心是有教养、有礼貌的表现。但对西方人的健康表示关心，就不能按中国的传统方式了。一个中国学生得知其美籍教师生病后，会关切地说“you should go to see a doctor！”（你应当到医院看医生）不料，这句看似体贴的话反而使这位教师很不高兴。因为在这位教师看来，有病看医生这种简单的事情连小孩都明白，用不着别人来指教。如果就某种小事给人以忠告，那显然是对其本事的怀疑，从而大大伤害其自尊心。

努力了解目标文化的价值观、信仰、社会礼仪和沟通方式。通过阅读、交流和参与文化活动，增加对该文化的了解，避免将自己的文化习惯强加于他人。中国人在饭桌上的热情好客经常被西方人误解为不礼貌的行为。因西方人认为，客人吃多吃少完全由自我决定，用不着主人为他加菜添酒，并且饮食过量是极不体面的事情，所以客人吃饭后，主人不必劝他再吃。一位美国客人看到中国主人不断地给他夹菜很不安，事后他抱怨说："主人把我当猪一样看待。"

跨文化冲突不能只看表面，大多数误读不来源于表面上的文化差异，对事件和他人的反应方式主要由文化的深层结构决定。世界观、人生观、价值观构成了文化观念体系的主要内容。文化的观念体系，指的是有关自我、他人、外部世界的全部思想和信念，表达了特定文化群体所共享的对社会现实的看法，也是渗透在人们社会行为中的具有普遍意义和系统性的观点总和。世界观、人生观和价值观构成了观念体系的主要内容。世界观作为人类把握世界的方式和结果，是文化关于世界本质的总观念，由集体智慧所塑造，帮助人们生存和适应周围的世界；价值观则集合了不同文化中相对稳定、包含情感和认知成分的观念，构成了文化的深层内核。

"Your English is very good."（你的英文很好）；"No，no，my English is very poor."（不，我的英文很差）；"You' ve done a very good job."（你的工作做得很好）；"No, I don' t think so.It's the result of joint efforts."（不，这是大家共同努力的结果）。这种中国式的谦虚在西方是行不通的。当中国人以谦虚的方式回答西方人的赞美时，他们并非真的认为自己不好或成绩不好，而是出于文化传统和社会期望。然而，对于西方人来说，这种回答可能会被误解为缺乏自信或对赞美的不认可。在跨文化交际中，了解并尊重不同文化的价值观和行为习惯是非常重要的。中国人可以尝试更直接地回应赞美，而西方人则应该理解中国人的谦虚习惯，并不要过于敏感或误解其意图。通过互相学习和包容，我们可以更好地跨越文化差异，建立有效的沟通和理解。

在对外汉语教学中，教师应该重视中西方文化差异的存在，并将其纳入教学

内容，以帮助学习者更好地理解和欣赏中国文化。尊重、比较和教授文化背景知识，可使学习者增加对中国文化的认知，并在跨文化交际中更加得心应手。将中西方文化差异进行对比是一种有效的教学方法。通过比较，学习者可以更清楚地看到不同文化对同一事物的看法和态度。以对“狗”的观念为例，比较中国和泰国的文化差异，学生可以更好地理解中国古代和现代对待狗的观点的变化，以及泰国对狗的尊重和保护。这样的比较可以帮助学生更深入地理解词语的意义，并为他们在交际中的有效表达提供更好的基础。教师可以鼓励学习者主动探索和探讨文化差异，并提供相关的背景知识和实例。引导学习者思考和讨论，以更深入地理解文化差异，并将这种理解应用于实际的交际中。此外，教师还可以通过教授相关的文化知识，如中国传统节日、礼仪习俗、价值观念等，来帮助学习者更全面地了解中国文化。这样的教学方法有助于培养学习者的跨文化交际能力，使他们在与中国人交流时更适应。

第二节 文化教学内容莫衷一是

中国拥有悠久而丰富的文化传统，包括历史、文学、艺术、哲学、宗教、传统节日等。因此，选择何种文化内容进行教授是一个挑战。不同的教师和教材可能会有不同的偏好和重点，导致文化教学内容的广度和多样性存在差异。在对外汉语教学中，语言教学往往是主要的目标，而文化教学被视为辅助。因此，在有限的教学时间内，教师需要权衡语言教学和文化教学的比重。这可能导致一些文化内容被忽略或仅表面涉及，无法引导学生进行深入理解和探索。

一、拘泥语言的文化因素

当前的对外汉语教学仍然以语言教学为中心任务，而文化教学往往只是作为语言教学的附属品而存在。这种情况在一定程度上会导致对外汉语学习者对中国文化的理解和掌握不够深入和全面。对外汉语教学既是一种语言教学，又是一种文化教学。对于外国留学生来说，学习汉语的过程实际上也是他们了解并接受中国文化的过程。因此，对外汉语教师肩负着讲授汉语和传播中华文化的双重任务。

汉字作为世界上最古老文字之一，与世界上任何一个民族的文字一样，是记录和传达语言的书写符号，是人们交流思想的辅助工具。汉字经过了 6000 多年的变化，其演变过程是：甲骨文（商）→金文（周）→小篆（秦）→隶书（汉）→楷书（魏晋）→行书，以上的“甲金篆隶草楷行”七种字体称为“汉字七体”。汉字的不断完善和不间断的发展，为中华文化的传承提供良好载体，让后代得以从史书典籍中了解几千年前的历史和文化。中华民族传承至今，汉字所发挥的作用毋庸置疑。

海纳百川，兼收并蓄，当是健康优秀文化所应有的雅量和胸怀。一个自强不

息的民族，在她的文明发展演进道路上，不时采集身边的珍奇宝物，以开阔眼界，滋养身心，补齐自身的短板，方能够跟上人类社会发展的步伐，始终处于世界文明的前列。中华文化从来不是保守排外的，总是拥有勤于吸纳和乐于包容的心胸。虽然曾有过“焚书坑儒”“罢黜百家独尊儒术”和“文字狱”的不堪过往，但总能够在发展中自我反思、修正，让历史航船终能把定迎向达观开放的正确航向。文字是文化的承载者，也是文字发展的启迪者。方块汉字代表着、培育着整体化的心理倾向，也塑造着使用者整体论的思维方式。

文化教学和汉语教学是紧密结合的。文化教学与汉语教学结合得好，二者就会相互促进、相得益彰。教师在准备每一节课的语言点时，通常还要确立一个文化点。这个点首先要结合当代话题，其次要尽量符合学生的兴趣。学生感兴趣的文化点往往也是中国文化和外国文化有差异的地方。文化讲解不是汉语课的主要内容，只是其中的一个环节，所以教师在设计课程时要好好掌握时间，也可以给学生单独开设一些文化专题讲座。很多国家的学生喜欢中国文化的体验活动，如看中国电影、吃中餐、学习功夫等。教师要善于利用传统文化资源辅助教学，但同时要注意活动的设计要合情合理。

通过将语言讲解与文化传播结合起来，对外汉语教师能够更好地履行双重任务，不仅帮助学习者掌握汉语语言技能，还能够促进学习者对中国文化的理解和认同。这样的教学方式能够培养学习者的跨文化意识和跨文化交际能力，促进不同文化之间的相互理解和交流。

二、各行其是的课程设置

根据教育部 1998 年颁布的《普通高等学校专业目录和专业介绍》，对外汉语本科专业的培养目标为：“本专业注重汉英（或另一种外语或少数民族语言，则以下有关用语作相应调整）双语教学，培养具有较扎实的汉语和英语基础，对中国文学、中国文化及中外文化交往有较全面了解，有进一步培养潜能的高层次对外汉语专门人才，以及能在国内外有关部门、各类学校、新闻出版、文化管理和企事业单位从事对外汉语教学及中外文化交流相关工作的实践型语言学高级人才。”

从书上的定义说，需要掌握的是专业知识，这里面包含汉语的本体知识与相关的语言教育教学知识。本体知识主要有汉语语言学、语音、词汇、语法、汉字等相关知识、古代汉语语言。语言教育教学主要有教育学、语言教学法、对外汉语教学、留学生语言偏误等。此外，文学方面的积累也是必不可少的，所以汉语言文学中的古今中外文学也都会作为基础专业课进行学习。语言方面，基本上是要求至少掌握一门外语，大学阶段针对对外汉语（汉语国际教育）会设置一门第二外语，有的学校教日语，有的学校教法语。具体看学校的安排。如果对应到专业课，基本上会涵盖语言学概论、中国文化概论、古代汉语、古代文学、现当代文学、外国文学、现代汉语语音学、现代汉语词汇学、现代汉语语法学、对外汉语教学概论、对外汉语教学法、外国留学生汉语学习偏误分析、高级英语口语、英汉互译、实用英语写作、英美报刊阅读、教育学原理、课程与教学论、比较教育等课程。除了必要的理论知识，实践也是不可或缺的。一般来说研究生阶段会安排学生进行实习，有的招留学生的院校还会安排学生给留学生做语伴，提升实践能力。

对外汉语教学的主要任务是让学生掌握听说读写的技能，课程也是为了达到这个目的设置的。

（一）主要的课型

1.综合课，也叫精读课，是必修课，教学内容有语音、词汇、语法、课文。

2.会话课，也叫口语课，是一门主课，以学习口语词汇、口语表达方式、练习口语会话为主。

3.听力课、听说课、视听说课、阅读课、写作课、选修课（选修课一般根据学生要求开设，有汉字课、古汉语、中国历史、中国文化等）、汉语水平考试辅导（HSK，这个考试也被视为汉语的托福）。

（二）教材的选择

教材好比剧本，之前去欧洲教学的一个老师说，学校配的教材和他们学生的

实际水平差太远了，在上课的时候学生听不懂，不喜欢学，对汉语完全没有兴趣，后来没办法只好换教材。选择一本合适的教材是很重要的，选择教材的标准应该是什么呢？

1. 难易适度、长短相宜

内容难度就低不就高，也就是选择比学生水平略低一点的教材比较好，这样学生学、老师教都不会感到吃力，而且还让学生感觉到老师有水平，也会更加喜欢你。所以我们老师去了学校，要做的第一件事，不是熟悉教材备课，而是去了解学生，包括学生的性格、学习态度、汉语水平等，可以去旁听本土教师上课，看看他们的课堂是怎么样的？每课内容不要太多，初级教材每课生词最好控制在20个左右，每课学习2到4课时；中级教材生词在40个左右，每课学习4到6课时；高级教材生词每课最好不超过60个，每课大概是6到8课时。

2. 循序渐进、前后照应

看一下内容是否循序渐进，语法点的出现是否由易到难，词语是否实用常用；前后照应，就是后边的内容照顾到前面学过的内容，后面的课文里应该重复出现前边学过的词语、语法点，绝对不能说重复出现反复学习是多余的，因为这样就有利于学生巩固学习成果。

3. 反映现实、要生动有趣

教材内容要有现代生活气息，能满足学习者实际生活中交际的需要。内容生动有趣可以大大提高学习者的学习热情和兴趣

4. 练习丰富、形式多样

练习量少或者没有练习的不要选用，因为学生只有通过大量的语言运用练习才能巩固所学内容。一般来说，课后练习应在5项以上，每项里的练习题最少在6到8个。练习形式最好根据每课内容有所变化。每课都是一成不变的形式，太枯燥。

总的来说，对外汉语课程设置应该综合考虑学生的需求和学习情况，注重语言技能和文化背景的培养，同时提供个性化的选修课程和考试辅导，以帮助学生

全面提高汉语能力。

三、纷纷攘攘的文化教材

传统的汉语语音教学是以“声、韵”教学为中心，人们一般称它为“声韵中心教学法”。随着汉语语音教学理论和教学实践的发展，“声调”引起了广大研究者和对外汉语教师的重视。因此，从20世纪90年代末开始，汉语语音教学开始以“声、韵、调”为中心，并一直持续到现在。

虽然声调的地位得到了提高，但是留学生掌握声调的情况并不理想。即便是高水平的留学生，只要他们开口说话，即使他们不“露面”，也总能暴露他们“外国人”的身份。著者发现，对已结束专门的汉语语音课的初级水平留学生而言，他们发声母和韵母没有太大问题，但是一旦将声韵结合，他们发出的音节中国人听着总觉得别扭，这是因为声调的发音出现了问题，这是导致留学生产生“洋腔洋调”现象的一个重要原因。

留学生发音不地道的原因确实不仅仅是声调发音问题，语流中的音节组合、轻重音和语调等因素也对发音产生影响。在汉语语流中，留学生可能会出现“洋腔洋调”的现象，这是因为他们没有掌握汉语语流中的规律。除了单个音节的声调发音准确与否外，轻重音的掌握也是重要的因素。教师可以在汉语语音课堂上向留学生解释汉语中词语的轻重音现象，并引导他们记忆和反复练习轻声音节和重音节的发音。同时，教师还应向学生解释词重音的规律，帮助他们理解汉语中重音的位置和语流的节奏。此外，汉语的语调也需要留学生注意。汉语的语调主要有升调和降调两种，与印欧语系的升调和降调有所不同。在汉语中，语调主要体现在最后一个重读音节的直升或直降上。教师可以提醒学生注意，无论汉语的语调如何变化，音节的声调并不随之改变，避免留学生将汉语的声调和语调混淆。通过在汉语语音课堂上向留学生解释和练习汉语语流中的轻重音、语调规律，教师可以帮助他们更好地理解和运用汉语的语音特点，提高他们的发音准确性和语流流畅性。同时，学习者也应通过大量的听力训练和口语实践来加强对汉语语流的感知和掌握。

因此，为了改善留学生“洋腔洋调”的现象，著者认为，语音教材在编排时应该加入语调和轻重音的知识内容，增加声调、语调和轻重音的相关练习。对外汉语教师也应该意识到这三者对于留学生学地道汉语的重要性，在课堂上多进行相关练习。

我们知道，学习语言的目的在于能用它作为一种交流工具。作为第二语言教学的对外汉语教学，其最终的教学目标是使留学生能够用汉语进行正常交流。因此，相比单纯进行声、韵、调的单项训练来说，语流教学就更具有实用性。从20世纪80年代开始，语流教学法被普遍采用。在对外汉语领域，对于语流教学法的理论和实际应用尚存在一定的差异和挑战。语流教学法的核心理念是将语音要素融入真实的语言交际情境中，帮助学生提高在实际交流中的发音准确性和语流流畅性。这种方法强调整体性和上下文的影响，使学生能够更好地理解和运用汉语的语音特点。

四、汉语本身难度高

对于使用英语等印欧语的西方国家而言，汉语是一门真正的外语。汉字是一种象形文字系统，每个字由笔画组成，形状和结构的差异非常明显。对于习惯了拼音文字的学生来说，汉字的辨认、发音、书写和记忆都是挑战。相对于拼音文字，汉字需要更多的练习和记忆。学习汉字相对于学习欧洲语言的字母系统需要更多的时间和耐心。学习汉语的时间大约是学习欧洲语言时间的三倍。这是因为学习汉字需要掌握大量的字形、笔画和结构规则。即便对于韩国、日本等处于汉字文化圈的国家，学生的汉字基础较好，但他们是用同样的符号记录了不同的信息。加之，现在国内繁简字的差异，以及他们所使用的异体字，凡此种种，教学任务依然十分艰巨。

汉字难学的原因，主要有以下几点：一是汉字是一种意象文字，每个汉字都有自己独特的形状和含义，需要记忆较多的字形和拼音，比起西方语言来说要较为困难。二是汉语的发音和拼音有许多的变化规则，比如声调、音调、声母、音节等，需要学习者掌握较多的拼音知识，比起西方语言来说要较为复杂。三是汉语的语法和语义比较复杂，比如各种动词和形容词的变化、词序和句式的灵活性、语义上的歧义和深层含义等，需要学习者掌握较多的语言知识，比起西方语言来说较为烦琐。四是汉语的文化和历史深厚，中国的政治、经济、文化、历史等各方面都有着悠久的传统，需要学习者掌握较多的背景知识，比起西方语言来说较为复杂。总的来说，汉语的学习难度主要是由于其字形、拼音、语法和文化等方面的复杂性造成的。

第三节　文化教学方法简单粗糙

提起中华优秀传统文化，似乎很多人都能说出汉语具有几千年的文化历史。但是，在汉语教学问题上，却鲜少有人去关注和研究几千年来汉语是如何传承下来的。尤其是有不少汉语老师,被问及汉语该如何教学时,似乎都如出一辙地回答:先从拼音学起。再问及汉语拼音是何时产生的，为什么产生，其作用和效果究竟如何时，能进行清楚回答的人还真的不多。从 1918 年采用汉语注音法和 1958 年采用汉语拼音法以来的现代汉语教学,问题丛生。尤其是海外汉语教学,一个“难”字几乎成了汉语文化的代名词。殊不知，这个结局不是汉语本身的问题，恰恰是现代所采用的汉语教学法所造成的文化传播问题。

一、传统方法的呆板乏味

对外汉语教学不同于普通的汉语教学，其特点是培养学习者灵活运用汉语进行交际的能力，这一特点即为难点，掌握对外汉语的特点才会发掘出难点所在，从而有的放矢地化解矛盾。吕必松说过，“所有学生学习的难点都是对外汉语教学的难点”。这就提示我们，教师在备课中要以学生的学习难点为重点，一切为学生学习难点服务，这样才能有的放矢地帮助学生解决问题，学好汉语。学生学习的难点恰恰是教师教学的难点，表现为如何化解学生学习难点、如何选择对外汉语教学课堂教学方法、如何处理课堂教学危机等，都是教学过程中不可忽视的棘手问题。在此仅对课堂教学中汉字教学难点进行深入分析，并提出相应的解决办法，以起到抛砖引玉的作用。

由于外国留学生对汉字缺乏足够的认识，尤其是西方留学生，几乎都认为汉字是汉语中最难学的，因而对汉字的学习存在畏难情绪和厌学心理。现在世界上绝大多数国家使用的是拼音文字，这些国家的学生到中国来以前，几乎没见过汉字，他们初学汉语，看到一个个的汉字，就像一幅幅的图画一样。对中国人来说，认、记、写汉字也不是很容易的事，这就难怪已经习惯于使用拼音文字的外国学生感到十分困难了。

与此相关的问题是缺乏先进的教学理论指导和对本专业特点的正确认识。在教学过程中，一些教师往往直接套用向以汉语为母语的学生教授英语的教学方法，而没有充分考虑外国留学生的特点以及汉语和英语之间的差异。这导致课堂教学效率较低，教学质量较差。

在上课的过程中，不管运用哪种教学方法，最重要的是让学生对汉语感兴趣。兴趣是第一位老师，只有学生喜欢汉语，你后面所讲，才能收到效果。教学有法，教无定法，贵在得法。对外汉语教学中的汉字教学作为基础课，所教汉字是现代汉字，这一定位应该是清晰的。因此，我们的宗旨是配合听说，培养学生读写能力，教学的时间有限，要给学生最必要的信息，否则会影响速度和效果。西方学生最怕的是记汉字，汉字表意文字同西方拼音文字相距甚远。因此教师需要采用一些非常规的办法，他们能接受、易联想的办法。其实，对外汉语教学方法可以更灵活，这需要对教师提出更高的要求，在掌握汉字教学难点的同时，不断发散思维、创新方法，将汉字特有的魅力呈现给世人，从而摆脱汉字难、汉语难的尴尬局面。

二、现代手段的花哨肤浅

教学应该是因地制宜、因材施教的，所以没有一种教育方法是绝对没有问题的，反过来，也没有一种教学法能放之四海皆准。“其他学科的教学与学习好像基本都是从具体到抽象的过程，例如从你有一个苹果，再给你一个苹果，你就由两个苹果中抽象出 1+1=2。”这个例子，体现在外语教学中，应该就是先不给学生具体讲语法规则，直接让他们接触包含这些语法现象的材料，或者先开口说起来，先运用，然后再引导发现其中规律。但不管在前在后，语法规则都是要教的。对于小朋友，讲语法规则比较麻烦，不如让他们鹦鹉学舌，通过记忆和模仿，多学会说一些话，积累到一定程度之后，再讲所谓规则就水到渠成了。但对于成年人来说，语法不讲清楚，一个句子主谓宾都分不清的时候，强行记忆是很困难的，

成年人的心态也会更急，很少人有耐心先不管三七二十一，背到一定程度去发现柳暗花明的。

有一种不好的现象，就是想推广一个教学法的时候，为了营销往往就会抨击先前的教学法，其他都是不适用的，就我理念最先进。国内传统的外语教学往往就是靶子，什么哑巴外语、学不能致用之类的帽子全往上扣。但这当中变量太多了，如老师本身能力知识水平怎么样、学生有什么学习特点，还有教学目标、语言环境等。所以各种教学法不能一概而论谁优谁劣，最终还是教学的结果说话。我们确实容易哑巴外语，而外国人学外语似乎就比较敢说，所以给人感觉是他们接受的教学法比较好，比如行动导向教学。但行动导向的教与学，要想效果好，都有一个很重要的条件，就是应用的机会。很多外国人在中国，中文口语说得都很好。这是因为他们在中国拥有大量的实践机会。学习语言的关键是应用机会。

教学中，除了教学方法的纷繁多样外，还易陷入另一误区：过分依赖现代技术手段，如多媒体、虚拟现实等，试图通过视觉和听觉的强烈刺激来吸引学生注意，忽略了文化教学的深刻性和系统性。这种花哨的教学方式，往往只能让学生获得表面的、碎片化的文化认知，难以形成全面、深入的理解。

在对外汉语文化教学中，若仅注重形式上的创新与吸引力，忽略了文化内涵的深入挖掘与有效传递，便容易陷入“花哨肤浅”的误区。我们在探索和实施教学手段时，应当注重平衡创新与实效，既要利用现代技术提升教学的趣味性和互动性，又要确保文化教学的深刻性和系统性，让留学生在享受学习过程的同时，真正掌握中华文化的精髓。

第四节　文化教学评价片面封闭

对外汉语教师教学评价是针对个体教师进行的与教学活动紧密相连的有效教学行为的辨识过程，属于微观层面的对外汉语师资评价。从宏观上来讲，对外汉语教学师资评价是对某一范围内的全体对外汉语教师的综合素质进行的全方位评价。在深入探讨对外汉语教师教学评价时，我们不仅要关注教师在语言教学技巧、方法以及学生学习成效上的表现，还应充分认识到“文化教学评价”作为这一评价体系中不可或缺的一环。文化教学评价不仅关乎教师对中华文化的理解与传播能力，还涉及学生跨文化交际能力的培养，是连接语言教学与文化传承的桥梁，研究对外汉语教师文化教学评价对其师资评价也具有启示意义。

一、评价的体制机制尚待完善

（一）评价机制的空白与缺失

1. 对外汉语教师教学评价体制机制处于建设阶段。目前，大部分高校开展对外汉语教学历史较短、师资力量薄弱，留学生教育以语言进修生为主，教学管理处于探索阶段，各项规章制度尚不完善，对于教师评价在教学中引领和促进教师专业成长方面的作用认识有限。比如，江西某高校建立于 20 世纪 50 年代，2003 年经教育部批准成为全日制综合性普通本科高校，在文学与传媒学院下设汉语国际教育系，2013 年迎来首批留学生，正式开展对外汉语教学，汉语教师多为汉语言文学系及相关专业的外聘教师，目前尚未形成专门针对对外汉语教师的教学评价模式，仅采用全校通用的教师教学考核办法，专业针对性不强，汉语教师对教学评价的满意度不高。

2. 对外汉语教师教学评价机制体制处于待完善阶段。在一些高校中，大多已经部分形成了教学管理方面的规章制度，但大多模仿其他专业的一般做法，在契

合专业特征方面有待加强。比如，河北某综合性本科院校，截至2016年年底[①]，有留学生1000余人，在对外汉语教学规章建制方面，目前实施的规定与办法有《留学生授课教师准入制度及教师职责的相关规定》（2010年）、《留学生教育授课教师教学质量评价办法》（2010年），以后者为例，其内容包括评价对象、评价内容、评价过程、评价结果、约束机制，在主体评价内容部分未体现对外汉语教学学科的特点，与其他专业无异，访谈中汉语教师提出了评价的具体办法不能满足现实教学媒体发展和学生评价要求的问题，是教学管理亟待修订和完善的部分；辽宁某高校在汉语教师教学评价中初步应用了区分性评价原则，对语言生授课教师和本科授课教师进行不同评价，但在具体评价指标上区分度不明显；河南某高校建立了课堂教学质量保障体系实施办法，包括三个评价主体，即专家和领导层面、同行层面、学生层面，制定了综合评价办法，将综合评价结论分为优秀、良好、合格、基本合格、不合格五个等级，但在评价结果的使用上，未提及教师针对评价结果如何进行反思与整改的问题，而是将其存入教师业务档案，并作为教师晋升职称和评定教学质量优秀奖的重要推荐依据，同时规定推荐教师晋升高一级职称，近三年教学质量综合评价必须在良好以上，在规定的制定与实施过程中，教师的主动性没有得到尊重与发挥。

高校对外汉语教学评价在机制体制方面存在的问题反映了目前对外汉语教学发展中部分高校“重管理与科研而轻教学”的倾向，这些高校大多建立了自认为“行之有效”的一套评价方案，但从方案和实施模式本身来看存在诸多不符合教学规律和评价要求的内容，致使评价方案在教学实践中不具有引领和指导作用，同时也并未在教学管理中较好地发挥管理决策功能。

3. 文化教学评价要与整体教学评价相融合。在对外汉语教学领域，文化教学评价不仅是衡量教师教学效果的一把尺子，更是推动学生跨文化交际能力提升的关键环节。它要求我们在设计评价机制时，必须超越单一的语言技能考核，深入

① 丁蕾.“国际中文教育”新释义下文化教学体系的重构[J]. 吉林省教育学院学报,2024,01(15):92-95.

融合文化理解与传播的多维视角。这意味着，我们需将文化教学评价无缝嵌入整体教学评价的宏观体系中，确保两者在目标设定、内容涵盖、方法运用及结果反馈等方面相互呼应、相辅相成。通过这一融合过程，我们不仅能更加全面、准确地评估教师的教学成效，还能有效促进教师对学生文化背景差异的敏感度与适应力，进而提升教学质量，为学生搭建起一座连接不同文化的桥梁，真正实现语言与文化的双重习得。

（二）教学评价系统性不强

体系是指若干有关事物或某些意识相互联系的系统而构成的一个有特定功能的有机整体。建立对外汉语教师教学评价模式是一项系统性的工作，形成的模式反映了与评价相关的各个维度之间的相互关系，因而也可以称之为评价体系。根据调查的情况，目前高校该体系缺乏系统性是影响评价效果和评价作用发挥的重要因素。

对外汉语教师教学评价系统性不强，其具体体现为：第一，评价机构建设上，缺乏统一的领导机构。目前，高校的对外汉语教师评价主要依托学院一级的教学管理部门，除了选用校级统一的教师教学评价标准以外，对外汉语教师教学评价模式的选择、方案的制定、细则的实施与校级、省级、国家级的各项教学评估关系甚微，基本处于相对独立的发展阶段。第二，对外汉语教师教学评价缺乏强有力的顶层设计和相关政策支持。因该项工作局限于由学院一级的教学管理层决策、实施，教学评价指标的制定、实施方案的拟定、教学评价作用的发挥等均由院级管理层确定，在这样的情况下，难免出现以个别管理层的主观臆断作为各评价维度确定基准的现象。第三，缺乏详细的、具有可操作性的教学评价实施细则，如宁夏某高校仅拟定了《留学生教师课堂教学情况测评表》和《汉语教师课堂教学观察表》，但并未对对外汉语教师的总体评价如何实施进行详细的、操作层面的解释。

对外汉语文化教学评价系统性不强的问题同样显著。具体表现为：在评价体系中，文化教学评价的维度与标准往往被边缘化，未能充分融入整体教学评价体

系之中。这导致文化教学评价的实施缺乏系统性指导，难以全面反映教师在文化教学方面的努力与成效。同时，由于缺乏详细的评价细则和可操作性的实施方案，文化教学评价往往流于形式，难以发挥其应有的促进与导向作用。加强对外汉语文化教学评价的系统性建设，是当前亟待解决的问题。

（三）评价缺乏监督机制

据了解，因对外汉语教师教学评价系统性欠佳，在许多高校中评价监督机制缺乏现象普遍。院级教学管理部门负责汉语教师教学评价的具体实施，因汉语教师教授对象大多为语言生，部分高校汉语教学评价内容并未纳入学校师资评价系统，也不属于教育部本科教学评估的内容，故其重要性未得到充分的重视，具体实施缺乏相关的监督机制。

1. 对外汉语教师教学评价实施与否缺乏监督。20 世纪末至 21 世纪初是我国高校对外汉语教学机构集中建立的时期，与对外汉语教学发展较早的高校相比，这些高校在教学建章立制方面相对滞后，传统教学评价观对教学评价是教学管理手段，是对教学过程的总结、反馈等相关认识，使这项工作呈现滞后发展的态势，严重脱离现实需要，对外汉语教师教学评价是否已实施成为各级教学评价监管部门教学质量监督和师资能力评估的“真空地带”。

2. 对外汉语教师教学评价实施过程缺乏监督。对外汉语教师教学评价实施过程需结合评价单位师资的实际情况，形成一定的评价机制、模式、方案及实施细则，在符合评价目标的基础上，以上每一环节均需要评估专业人员的指导和监督，需要“评价共同体”中各主体的共同参与。根据调查和访谈结果，此过程中的监督机制尚未形成或尚需完善。

3. 对外汉语教师教学评价后续作用的发挥缺乏监督。调查中发现，高校对外汉语教师评价中“为评价而评价”“评价止于评价”的现象较为普遍，针对评价结果制定评价工作再评价和整改方案的高校寥寥无几。根据对外汉语教师反映，作为评价重要主体的教师本身对评价结果的详细内容和后续建议的知情程度有限，即使对教师教学提出了改进性建议，但因缺乏后续监督机制，常常流于形式。建立长效监督机制，促进对外汉语教师教学评价常态化机制的建立亟待进入探索期。

4. 文化教学评价监督机制的缺失不容忽视。由于文化教学在对外汉语教学中的重要地位未得到充分重视，其评价机制往往游离于主流监督体系之外，导致评价过程不透明，结果应用不到位。这不仅削弱了文化教学评价的实际效果，也影响了对外汉语教学整体质量的提升。因此，建立健全对外汉语文化教学评价的监督机制，确保评价过程的公正性、透明度和有效性，是提升对外汉语教学质量、促进学生跨文化交际能力发展的关键所在。

（四）评价指标专业性欠缺

文化教学评价指标专业性欠缺。文化教学作为对外汉语教学的核心部分，评价指标应更加关注教师如何有效传播中国文化，促进学生对中华文化的理解和认同。然而，当前的评价指标往往未能充分体现文化教学的特殊性和复杂性，缺乏针对文化教学内容的深度考察，导致评价过程难以准确反映教师的文化教学能力及其对学生跨文化交际能力的影响。具体表现为三个方面：

1. 评价指标设置全面性欠佳。评价指标对文化教学的重视不足，缺乏明确目标和效果评估，导致教师易忽视其重要性。文化教学能力指标模糊，没有深入描述教师如何有效传授中国文化、引导学生理解差异及培养跨文化能力。同时，文化教学评价指标缺乏对教师整合文化资源、创新教学方法能力的考察，限制了教学发挥。最重要的是，文化教学效果被忽视，学生文化认知与交际能力提升未得到应有关注，影响整体教学质量与改进动力。

2. 评价指标的内容较为机械。文化教学评价指标多采用量化指标通过数据进行表达，大量有评价价值且无法采用量化形式，需要评价者进行专业判断的和考察的教学有效行为往往在评价过程中被忽视，如文化深度解读、跨文化交流策略等。这种机械化评价会误导教师，尤其是教学理念和教学习惯处于形成期的新手教师，评价指标中的量化指标和项目成为他们教学追求的终极目标，个人专业成长受限，教研思考能力和教学创造能力提升受阻。文化教学应鼓励多元评价，融合量化与质性分析，全面反映教师文化教学能力。

3. 评价指标程式化现象明显。在对外汉语教学领域，文化评价指标的程式化现象日益凸显，成为制约教学质量提升与教师个性化发展的一大障碍。被调研的高校中，针对对外汉语教师的教学评价往往采用固化的、程式化的指标来评价充满个性和特点的对外汉语教学课堂活动。无论是对语言技能的传授，还是文化知识的渗透，评价指标都试图以一套既定的尺子去衡量，却忽略了对外汉语教学独有的文化深度、课堂互动的灵活性以及教师个人教学风格的多样性，忽视了汉语教学作为一门跨文化交流学科的特殊性与复杂性。这种“一刀切”的评价方式难以触及教学的核心——即如何有效促进语言与文化的深度融合，也难以真实反映教师在引导学生跨越文化障碍、促进文化理解与尊重方面的努力与成效。

二、教学评价观念存在偏颇

对外汉语教师教学评价机制体制上存在的问题反映了对外汉语教育各级管理部门对该项工作在认识和观念上存在问题。比如，对对外汉语教师教学评价的重视程度不够、普遍具有泛行政管理化倾向、缺乏对教师的人文关怀、评价对汉语教师教学个性化特征的忽视等。

（一）重视程度不够

教学评价是教师评价的主要方式之一，被高校广泛认可并付诸实践，但在评价目标上仍存在误区。本书对对外汉语教师教学评价的调查研究表明，“评价共同体”各主要评价主体对教学评价均存在不够重视的问题：教学管理层作为目前高校汉语教师教学评价的主要评价群体，普遍对教学评价工作的管理缺乏统筹规划，实施过程随意性较大，评价结果利用率不高，对教学改进作用的发挥缺乏相关后续监管；留学生群体对汉语教师的教学评价较为被动。在这样的跨文化评价中，因语言障碍和认知差异，留学生的教学评价积极性有待激发。针对对外汉语教师自身而言，大部分教师已对现行教学评价体制中出现的问题有感性认识，但未进行深入理性思考，提出相应解决办法，而是认为该项工作应属于行政管理范畴，一方面深感教学评价作用没有完全发挥；另一方面不清楚作为教师个体本身可以为改变此种现状做出何种努力而置身于评价主体之外。

提高对外汉语教师教学评价的重视程度是一个自上而下联动协作的过程，顶层设计科学合理，中层规划符合实际，微观执行得力到位均基于“评价共同体”对教学评价工作的高度重视和对提高对外汉语教师教学水平的内在需求。

（二）泛行政化倾向普遍

“泛行政化”是经济社会转型时期在政府行政组织以外的社会组织中广泛运用政府行政思维、模式与方法对这些组织进行管理的一种现象。这种现象在多个社会公共管理领域以不同的形式存在。仅针对对外汉语教师教学评价而言，“泛行政化”倾向体现为以下几个方面。

首先，对外汉语教师教学评价权利来源的行政化，以促进教师专业发展为导向的汉语教师评价应建立以教师为评价核心的“评价共同体”。在此基础上形成相关的管理组织并依靠组织间、组织与成员间的合作形成多向、多元、分散的权威，成为组织赖以前进发展的重要因素。目前的对外汉语教学评价的权利来源依然是行政化的，教学管理部门对教学评价的各维度进行统一规划与实施，其作用已在一定程度上背离了提高教师教学素质和教学水平的初衷。

其次，对外汉语教师教学评价目标行政化。通过对比各被访高校的汉语教师教学评价相关文本发现，在相关教学评价方案或细则中，汉语教师教学评价的目的虽然大多被定位为“提高教师的授课质量，激发教师的教学热情，构建一支素质优良，富于创新能力和活力的高水平留学生教育教师队伍”“客观公正地考核教师本科教学工作，强化教师教学工作职责和质量意识，激励教师不断提高自身的业务素质和教学水平”等，但从具体评价指标来看，以行政管理为目标的指标较多，促进教师专业发展的指标较少；从评价结果的使用来看，行政化色彩更为明显，如在教学评价细则规定中有诸如“将专门对教师授课整改情况进行验收，经整改教学质量评价成绩依然达不到要求者，不再聘任其从事留学生教学工作”的规定，带有明显的奖惩性质。

再次，对外汉语教师教学评价机构设置的行政化。以辽宁某高校汉语教师评价细则为例，其中规定成立学院一级的对外汉语教师教学评价领导小组，负责制

定考核办法和评价标准，审定考核结果，研究处理考核工作中出现的重大问题，领导小组的组长、副组长、成员均由学院领导、学院教学管理岗位工作人员担任，无一为专职汉语教师，教学评价组织从机构设置之初就是固定的、非专业化的、集中式的管理模式，初步体现了层层节制的特点，这与目前评价多主体模式发展的趋势相悖。

最后，对外汉语教师教学评价实施行政化。教学评价作为一种教育行业公共管理工作，从本质上要求组织内部形成多种形式的协作与商谈机制，工作方式以交流、谈话、协商、合作为主。而对对外汉语教学评价的调查发现，在该工作过程中，因大多组织的成员来自行政管理部门，其工作方式带有较强的行政命令性质，对评价结果的使用成为对汉语教师阶段性教学表现的判定依据，甚至是教师去留的判决书，而非面向未来教学能力发展的助推器。

（三）“以人为本”的评价理念缺失

“以人为本”的管理是指在生产经营管理过程中要以人为管理工作的出发点和中心，围绕激发和调动人的积极性、主动性、创造性展开工作，强调对人性的理解，树立以人为中心的管理理念，以实现人的全面发展为目标。具体要求为满足人的内在需求，以人作为一切工作的前提，注重发挥人的整体功能，尊重人、关心人、理解人、激励人、引导人，加强其业务素质的培养和思想观念的更新。对外汉语教师教学评价是教师管理中的一项措施，从本质上来讲是对人力资源的管理和优化，与对外汉语教学专业结合后，应呈现出其应有的特点：跨文化评价中涉及的评价主体是具有多元文化背景的人，在此情况下，“以人为本”精神的体现显得更为重要。

对对外汉语教师而言，因为评价中行政力量的主导作用将评价中的汉语教师群体边缘化，极易促使他们产生“为评估而评估”的消极应对心理，甚至产生敌对和反感情绪，对评价结果认识不清或不认可，不能清醒认识自身在教学上的优势和问题，个性化特征丧失严重。

对留学生而言，对每一位任课汉语教师机械地采用统一填写评价指标相同的打分量表的评价方法具有一定的局限性，为初级汉语学习者提供未经过翻译的、纯汉语版的教学评价量表进行填写，对留学生来说是困难的，对评价结果客观性影响较大，同样不符合“以人为本”的评价理念。

第五节　教师文化教学能力缺失

虽然汉语吸引了越来越多的外国学习者，但是对外汉语教学在一些学校中仍然没有得到足够的重视和支持。教师队伍的数量和质量不足，缺乏跨文化意识，导致对外汉语教学的发展受到限制。在全球汉语学习需求快速增长的背景下，教师队伍的扩充变得至关重要，但目前合格的汉语教师仍然很少。因此，对外汉语教学的教师队伍存在着水平参差不齐的问题，整个领域的发展也呈现出一定的混乱局面。

一、教师的文化底蕴不足

文化底蕴，是人类精神成就的广度和深度，是学识的修养和精神的修养。它需要经过长时间的积累、沉淀，需要博览群书，需要体验生活，更需要对书籍和生活所涉及的内容的深入思考。它的深厚与否，往往会外化为人的谈吐和修养。因此，作为课堂教学中的引领者与组织者的对外汉语教师，他们的文化底蕴是否丰厚，不仅直接关乎学生良好情感与态度的塑造，以及正确价值观的确立，更深刻影响着学生人文素养的培育与人文精神的塑造。在对外汉语的舞台上，教师不仅是语言的传授者，更是文化的传播者，他们的文化底蕴成为了连接不同文化、促进理解与尊重的桥梁。

（一）成功的课堂教学来源于丰厚的文化底蕴

首先，对外汉语教师内在的文化积淀的质量，决定了课堂教学的质量。例如：两位老师同时教授高级汉语综合课中的《悬壶日志》这篇日志体裁课文时，采取了截然不同的教学策略。

甲老师的教学聚焦于课文词句的直译与文本内容的基础解析，将课堂重心放在了几个核心问题上：每篇日志的主要内容是什么？讲的是什么人的什么事？最后的结果如何？然而，这种教学方式过于拘泥于表面，课堂互动被局限于这些基础问题的框架之内，缺乏足够的延展与深化，导致教学流程显得单调而重复。学生们普遍反映，尽管理解了课文的字面意义，但却很难感受到《悬壶日志》与日常生活的紧密联系，难以激发他们的学习兴趣与共鸣。这种教学体验不能有效调动学生的积极性，课堂氛围较为沉闷，课堂教学的整体效果不尽人意。

教师乙巧妙地利用了《悬壶日志》中蕴含的中医文化知识，将教学提升到了一个全新的高度。他深入剖析课文内容，不仅局限于字面意思的讲解，而是巧妙地以此为契机，引导学生探索中医文化的博大精深。在讲解“气息奄奄”这一成语时，乙老师采用了启发式教学法，以层层递进的方式，先引领学生理解中医理论中“气”这一核心概念，进而延伸至“气息”的阐述，最后引出对“气息奄奄”的思考。这样的教学过程，帮助学生准确掌握了成语的含义，也让他们在潜移默化中汲取了中医文化的精髓。乙老师还精心设计了课后作业，进一步巩固和拓展学生的学习成果，他鼓励学生围绕“气”这一主题，搜集并整理相关的词语或成语，如“气色”“脾气”“有气无力”“气喘吁吁”等。这样的作业不仅加深了学生对中医文化中“气”这一概念的理解，还促进了他们在词汇学习中的实际应用，让学生在实践中进一步体会“气”在汉语表达中的丰富内涵与独特魅力。乙老师的教学方法，为高级汉语综合课堂注入了新的活力，激发了学生的学习兴趣，提升了课堂教学的效果。

甲、乙两位教师在教授《悬壶日志》时的差异，不仅是技巧上的区别，还体现了教师本身的文化积淀，以及他们对教材处理态度的根本不同。甲老师拘泥于课文表面，难以激发学生兴趣；而乙老师则凭借深厚的中医文化底蕴，超越教材，引领学生深入探索中华文化。乙老师的教学方法在使学生掌握成语意义的同时，还激发了他们对中医文化的兴趣。通过课后作业巩固学习成果，乙教师鼓励学生围绕“气”搜集词汇，提升实际应用能力，展现了文化教学的魅力。因此，优秀对外汉语教师的文化底蕴，是支撑教学技巧、引领学生领略文化精髓、激发学习兴趣的关键。他们可以通过多样化的文化元素，培养学生跨文化交流能力，拓宽

文化视野，提升教学质量。

（二）丰厚的文化底蕴源自长期的积累

不少教师常常羡慕名师的课堂，每次优质课比赛期间，总有不少教师照搬或模仿名家的课堂教学，但就是无法获得相似的教学效果。许多教师的课堂不能说不合理，教学流程不能说进行得不顺利，但给人的感觉就是缺少文化厚度。他们只注意学名家课堂的一招一式，而忽视了名家背后深厚的文化底蕴。深厚的文化底蕴是需要经过长期的积累和坚持的。积累是途径，坚持是态度。

课堂上，教师要游刃有余地满足学生求知的需要，就应当做到广闻博识、厚积薄发,更重要的是善于“薄发”,而不是随意乱发。首先,“薄发”在语言的“点”上。“薄发”要有利于课堂教学的实施,发在语言的“点子”上。文化修养的广博，能极大地提高教师的教学艺术水平，使他们在教学中能举出生动活泼的事例，进行触类旁通的类比和画龙点睛的启发。比如，一位教师在义乌上课时，对“义乌”一词的由来进行了深入分析，讲得头头是道，连在场的义乌教师也觉得汗颜；还有他对“母亲”和“令尊”一词由来的讲解，更是让在场的教师和学生因他的学识渊博而对他肃然起敬。说实话，一个教师想让自己的学生永远地记着你，唯一的捷径恐怕就是上好每一堂课。

其二，“薄发”在文化的“面”上。“薄发”要有利于教学内容的拓展，拓展在文化的“面上”。语文包含语言、文字、文学、文化。语文，语言文字，最终承载着传播文化的重任，是文化的载体。对外汉语教师拥有丰厚的文化底蕴不仅仅是为了自身的充实，更重要的是将这些文化底蕴融入课堂教学中，通过言谈举止和教学内容的展示，让学生得以接触、感受和受到文化的熏陶。通过教师的文化底蕴的展示，学生可以感受到汉语的深度和广度，了解到学习汉语不仅仅是学习语言文字，更是了解中国文化、风俗习惯、社会结构以及中国人思维方式和价值观的重要途径。教师可以通过举例、引用经典作品、分享文化故事等方式，激发学生对文化的兴趣和好奇心，引导他们主动探索和学习文化知识。

同时，教师的言行举止也是对学生的潜移默化的影响。教师作为学生的榜样，可以通过自身的文化修养和素质，感染和影响学生。教师可以通过言传身教，展示文化修养方面的示范，如尊重他人、关心社会问题、保持谦虚和包容的态度等，引领学生形成积极向上的价值观和行为准则。教师在教授高级汉语综合课的课文《阿Q正传》时，结合了鲁迅的另外一些作品《药》《祝福》等，让学生更加深刻领略鲁迅作为“以笔为剑”的斗士形象。通过对鲁迅这一系列作品的研读，学生们不仅能够加深对鲁迅独特写作风格的领悟，更能深刻体会到鲁迅作品中蕴含的深刻思想价值与社会批判意义。在教学过程中，教师引导学生采用一种跨文化的比较视角，以及全球性的视野去审视鲁迅的作品，鼓励学生跨越民族、种族与国界的界限，甚至跨越历史的洪流与时代的鸿沟，去探索鲁迅作品跨越时空的普遍意义与深远影响。这样的教学方法，不仅能够激发学生的学习兴趣与深度思考，更促使他们在心灵的深处与鲁迅及其作品产生强烈的共鸣，感受其思想的力量，领略其作品的永恒魅力。

从教师的角度来说，这又是对教师所“厚积”的文化底蕴的重新验证、积淀和提升。所以说，教师在厚积薄发下的展示是一个双赢的过程，是拓展在文化的“面上”的。

二、教师文化实施的低能

师资短缺是对外汉语教学中存在的一个严重问题。随着对外汉语教学的发展速度提升以及学习汉语的人数急剧增加，对外汉语教师的需求量大大超过了供给。这导致目前在对外汉语教学领域普遍存在师资短缺的情况。首先，在部分高校中，对外汉语教学教师的水平存在参差不齐的现象。由于对外汉语教学需求的迅速增长，一些高校为了满足招生规模的扩大和经济效益的追求，可能在教师的招聘上没有进行充分的筛选和评估。这导致了一些教师的专业能力和教学水平不尽如人意，无法满足实际教学需求。其次，社会上的对外汉语教学机构也面临着师资短缺的问题。为了追求经济利益，一些机构在聘请教师时往往没有进行严格的筛选和评估，导致教师的素质参差不齐。这种情况下，教学质量无法得到有效保证，整个对外汉语教学行业呈现出混乱的局面。师资短缺严重影响了对外汉语教学活

动的开展和中国传统文化的传承。优秀的对外汉语教师不仅需要掌握扎实的教学理论和方法，还需要具备良好的语言能力、汉语文化知识和跨文化交际能力。

随着我国对外汉语的发展，越来越多的人开始关注起对外汉语教学。那么成为对外汉语教师需要具备哪些素质呢？第一，具备相应的汉语知识。有很多人认为，只要会说普通话就能从事对外汉语教学工作，这是一种错误的理解，会说普通话，不代表着会教汉语，对外汉语教师应该对汉语的语法、语音、拼音、语句的规律非常了解，这样才能更好地进行教学。第二，必须具备普通话证书。汉语水平必须过关。所谓“过关”，是指《汉语作为外语教学能力认定》应该达到一级乙等以上。对外汉语是语言教学，教师普通话必须要标准，不能有方言，如果教师的发音不标准，那么学生学到的也将是南腔北调，因此，合格的对外汉教师普通话必须要具备相对较高的水平。第三，沟通交流能力。对外汉语教师要有良好的沟通能力，教师要有亲和力，这样才能让学生感受到教师的人格魅力。留学生与中国学生不同，教师不能用太过严厉的手段进行教学，在外国学生的眼里，教师与学生应该是平等的，教师是为学生服务的，这是西方人与东方人在教育观上的不同体现。因此，对外汉语教师在教学当中一定要注意，不能摆出一副高高在上的样子，这样会引起学生的反感。同时，教师也要具备一定的外语能力，在教学中与学生进行交流，这也是对外汉语教师教学需要的。第四，考取国际中文教师证书。为了应对新形势下对外汉语教学师资队伍建设面临的新挑战，想要成为国际对外汉语教师还可以考取国际中文教师证书。该证书是由教育部中外语言交流合作中心（原国家汉办）主办的一项标准化考试，是对持有者国际汉语教学能力和综合素质的证明。该证书作为海外孔子学院招募志愿者与公派教师的核心门槛，同时也是众多海外国际学校及公立中小学汉语教师岗位的必备条件。对于渴望在对外汉语领域深耕细作、实现职业飞跃的教师们而言，先行取得国际中文教师证书，不仅是专业能力的有力证明，还可以为职业生涯的拓展奠定坚实的基础。

由于学生学习环境的不同、学习者特征不同以及付出的时间、精力不同，学生个体之间差异的存在是难以避免的，我们不应该忽视差异，而是要因材施教，寻找产生差异的原因。在教学之初和教学过程中都要进行学习者的特征分析，分析学习者的一般特征和学习特征，针对学生之间的差异采用不同的教学策略，因材施教。比如，有的学生听力好，有的学生口头表达好，而有的学生则书写好。这时则应对不同能力特长的学生在培养趋向上有所不同，听力好的学生，在保持其听力较好成绩的同时，更多地锻炼其口头表达和书写能力，在发挥学习者某一方面特长的同时，弥补另一方面学习能力的不足。

学生个体差异的存在，使得学生中出现了差生。差生在一定程度上影响了教学的进度，同时差生也会产生自卑感，但差生并不是绝对的差生，在其他能力方面他也有自己擅长的。对外汉语教师要关注每一个学生的成长，不能让任何一个学生掉队，对待差生要有更多的耐心和关心。让差生不要怕错，大胆、大声地读书，对于小小的进步要鼓励，不要抓住他的错误不放，以免其丧失信心和兴趣。针对学生个体差异，教师应秉持因材施教的原则，灵活调整教学策略，关注每一位学生的成长，特别是给予差生更多关爱与鼓励，帮助他们树立信心，激发潜能。

第六章 对外汉语教学中的中国传统文化传播原则与方法

为什么要在对外汉语教学中，注重中国传统文化的传播？外国学习者认为在外语学习过程中学习者可能出现“文化休克”现象，这是由于学习者对目标语的社会符号感到陌生，从而出现深度焦虑的心理症状。对于存在“文化休克”的学习者来说，文化教学意义重大。

第一节　常用的传播方法

语言作为文化的载体，能够反映人类思维变化。语言承载着一个国家或民族独特的文化信息，也能反映出这个国家和民族所独特的思维特点。同时，语言受到文化的约束，当人们运用语言交流时都会或多或少受到对应民族文化的影响。由此可见，对外汉语教师应从文化的视角来开展语言教学，通过文化传播来为语言教学服务。对外汉语教学能够搭建起中国与外国之间沟通的桥梁，可以让外国学习者通过中国文化来更好地了解中国，更好地认识汉语的语言特色，熟练地加以运用，提高跨语言交际水平。

一、课堂渗透法

（一）课堂渗透法

所谓课堂渗透法，就是教师将教材中尚未包括或涉及，但对于学生来说又是十分益的知识，以教者有心学者无意的方式隐含于现行的教学内容中，让学生在不知不觉中有所感知、体会从而提高学生学习的一种教学方法。渗透教学法具有以下两种主要方式。

1. 教师将某些学生后学的知识，以适当的形式隐藏于现行的教学内容中，提前让学生有所感悟，从而为后一阶段进行系统的学习做好铺垫。

2. 教师将教学中未包括但对学生来说又是比较有用的知识，适当程度地体现出来，从而拓宽学生的知识面。实施要点为：在确保学生能够掌握现行教学内容的前提下进行渗透，否则会影响学生对当前所学内容的理解和深化；不能把渗透变成提高教学，它应是在不超越学生现有知识水平的条件下潜在地进行的。

对外汉语作为一门课程，在日常教学过程中，教师要把握好有限的课堂时间，合理地运用策略，巧妙地将中华传统文化融入其中。在课堂上，教师要适当地“见

缝插针”，导入中国传统文化。

例如，学习课文《一流人才从哪里来？》中的生词“元勋”，可结合课文中提到的“两弹元勋”邓稼先进行扩展，使学生了解到只有在开创性的事业（如研制氢弹、原子弹）中立大功的人才能称之为“元勋”。进而扩展“开国元勋”人物毛泽东、周恩来、刘少奇等，让学生了解这些为中国乃至世界闻名作出突出贡献的人物。将历史文化元素融入生词讲解中，既能够使学生对生词的意思和用法留下深刻印象，同时也让他们了解“元勋”们的卓越贡献以及为事业献身的精神，在学生心目中树立敢于吃苦，为了人类文明的进步敢于牺牲奉献的中国科学家形象。

又如，教师在运用 PPT 授课，展示婚礼中的祝福语、红包等汉语知识时，学生们会说出自己对新人的结婚祝福贺词——“祝你们幸福！”在展示的中国式婚礼中，新娘都用盖头盖着，这种情况，会引起学生们好奇心。所以，教师可以讲解关于中国婚礼的传统文化习俗，例如，媒妁之言、父母之命，结婚之前新郎新娘不见面等，虽然是一种旧式的文化，在今天已经不流行了，但是，其中一些合理的成分，还是可以和学生们讲述一下的。

（二）课堂渗透法的原则

1. 以语音为依托开展中国文化的传播

语音是学习语言的基础，对于外国学习者而言汉语语音难度较大。对此，教师可在语音教学中融入中国文化。比如，在教学《为什么把“福”字倒贴在门上》这一课时，教师可讲解中国人讲究谐音，“福倒了”中的“倒”发音与“到”接近，寓意着福气临门。此外，教师还可以介绍一些中国文化中常见的吉利话与禁忌语。比如，到医院去探望病人，通常会送一个果篮，但里面不能有梨子，这是由于“梨”与“离”的发音相同，寓意离开，显得不吉利。而春节年夜饭少不了一道菜——鱼，这是由于“鱼”的发音与“余”相同，寓意着连年有余。在新人结婚时婚房的被褥下通常会撒上一些花生、大枣、栗子、桂圆，寓意“早生贵子”。通过多媒体展示上述画面，能够有效调动外国学生对汉语语音学习的积极性，也能让他们更轻松地掌握语音知识，了解中国文化。

2.通过汉字教学传播中国文化

对于外国学习者来说，学习汉语最难的地方当属汉字，也是他们学习汉语的拦路虎。而汉字教学是汉语对外教学与汉语作为母语教学之间差异最明显的部分。如，在讲解汉字“家”时，也可融入文化教学。我国古代，有豕有室正是一个家庭的象征。通过上述方式开展汉字教学，多介绍相关的社会背景文化，让汉字教学不再那么枯燥乏味，能够深深吸引外国学生的注意力。

文字是记录语言的书写符号系统，汉字是汉民族的祖先在长期的生产和生活过程中创造出的书写符号系统。汉字本身有其严谨的规律和系统性。虽然中国幅员辽阔，每个地方的方言各异，有时差别巨大，语言不通，但是都可以用相同的汉字记录下来，而且所有人都看得懂。虽然古今汉语的语音经过时间的洗礼也有很大变化，但我们依然可以读懂古籍，了解先贤的历史和思想。可以说正是因为汉字的字形几千年来没有颠覆性的变化，才使得我们中国的文化可以完好地保存下来，有许多民族的文化都是因为历史上的文字变革造成了文化断层，许多优秀的文化成果都没有保存下去，永远尘封在历史当中而没有被后人所知晓和传承。另外，这种历史的传承性和独特的形体使得汉字成为一种独特的文化，成为世界文字史上的一道亮丽的风景——汉字书法艺术。各代的书法大家们给汉字注入了新的内涵，或使其清新秀丽，或使其狂放不羁。而且书法艺术和绘画艺术、诗词艺术结合起来，给世界留下了数不胜数的传世佳作。汉字不仅仅记录我们的语言，更体现了汉民族的文化精髓，如方方正正、刚直不阿等。弘扬汉字文化让更多的人了解汉字文化有利于中华文化的向外传播。世界会因汉字更了解中国，消除对中国文化的误解，增进彼此之间的友谊。汉字还可以让世界领略到独特的书法艺术，给世界人民带来全新的审美享受。因此我们在对外汉语文化教学中的汉字文化教学的重点并不是教学生写汉字，而是要让学生了解汉字中所蕴含的文化内涵。

3.通过词汇教学传播中国文化

汉语有着庞大的词汇体系，词汇语义极为丰富，也深深融入了中华文化精神，

反映出中国人特有的思维方式。词汇能够直接体现出本民族的生活变迁、价值理念以及文化的发展与变化。在对外汉语词汇教学中，不仅要让外国学生了解词汇的字面意义，更要让他们了解词汇背后所隐含的文化内涵。很多外国学生在用汉语交际时，经常出现望文生义而发生误会的问题。究其原因在于对该词汇的文化内涵不了解，并未真正明白其含义，从而导致不能正确使用这个词。所以，教师在词汇教学中应重点讲解那些带有深刻文化内涵的词汇。汉语词汇的文化内涵主要与我国历史典故及文化传统存在紧密联系，因此，可通过讲解历史典故来帮助学生了解这些词汇的文化内涵，如“对牛弹琴”“画饼充饥”“狐假虎威”等。此外，汉语中还存在很多带有鲜明民族文化特色的词汇，也应重点讲解。比如，“红眼病”一般用于形容一个人嫉妒心过强；而“拦路虎”用于比喻在前进道路上碰到的困难与阻碍。

4. 通过对比教学传播中国文化

外语学习者在学习外语时碰到的困难，大多是因为文化差异引起的，其中，主要受到母语迁移的影响。当母语迁移后与汉语达成一致，外国学生就会感到惊喜，从而增加学习兴趣。为此，教师要善于挖掘中国文化与其他国家文化的差异，针对不同文化背景的学生开展针对性的教学，引导他们将中国文化与母语文化相比较，在比较中加深理解。比如，“狗”在中国文化中大多带有贬义色彩，汉语词汇有“狗仗人势”“狼心狗肺”。而英语中“狗”大多为褒义色彩，如“a lucky dog”（幸运儿）。又如，中国人常见的客套话“改天我请你吃饭”，而外国朋友可能就会追问：“改天是哪一天？”通过对比介绍，让外国学生接触到中国文化了解中国文化与本国文化的差异，增强跨文化交际能力，也能调动他们学习汉语的积极性。

二、课外实践法

语言是是沟通的桥梁，促进了不同文化间的交流。语言学习要掌握一定的语法和词汇知识，还要融入不同的文化背景去进行真实地交流和理解。想要让学生更好地掌握汉语，对外汉语教师需要打破传统教学的限制，不仅仅把语言教学局限于教室，而应该以开放和创新的态度，将教学延伸到更广阔的第二课堂。第二课堂为汉语学习者提供了更多实践和交流的机会，让他们能够在真实的环境中使用语言，感受文化的魅力。教师可以设计参观、体验、互动等活动，使学生可以更加真实、直观地了解中国的历史、文化和风土人情，更深入地理解语言背后的文化内涵。在提高学生的语言能力的同时，进一步增进他们对中国的了解和喜爱，有助于促进中外文化的交流与融合。课外实践活动可从如下几个方面开展：

（一）以活动为载体，搭建传播传统文化的平台

一是结合课堂所学知识，组织校外实践活动，使学生通过亲眼所见，更加深刻地了解中国优秀的传统文化，切身感受真实的中国。例如：教师可以根据课文《胡同文化》，设计北京胡同的参观见学活动，使学生身处其中，感受北京的胡同文化。根据《苏州园林 · 序》，教师可设计苏州园林的参观活动，引导学生在参观中结合课文内容感受中国园林之美，体会中国园林艺术的精妙。课文《到巴金花园去》通过描述儿时的生活，表达了作者对巴金先生的怀念。教师可以带领学生参观巴金故居，加深对巴金的了解，感受巴金曲折起伏的一生。《悬壶日志》涉及中医文化，教师可邀请中医讲座，或者带学生参观中医馆，请中医为学生诊断、讲解，让学生切身体会博大精深的中医文化。

二是组织形式多样的校内实践活动。例如，学习了课文《美食与乡情》，可以举办校园美食节之类的活动，邀请学生一起观摩、制作、品尝中国菜，同时也邀请各国学生积极献艺，制作自己国家的特色美食。在交流与分享中，让学生了解中国的饮食文化，更深刻地了解中华民族的生活特点。同时，也促进了异域间文化交流沟通，缔结留学生的中国情结，使他们更好地融入中国这个国际大家庭。学习了课文《一流人才从哪里来？——在山西大学商学院的演讲》，教师可以举办以“成功”或“一流人才”等励志主题的演讲比赛，在提高学生演讲表达能力的同时，帮助他们树立正确的成功观和价值观，促进学生的成长与发展。

三是组织外国学生深入体验中国传统节日，增进对中华文化的理解。春节时，可引导他们了解“年”的由来与各地习俗，并记录特色春联。清明时，带领学生

前往烈士陵园扫墓，缅怀先烈。端午时，可以教学生包粽子，体验节日氛围。中秋节，举办诗歌朗诵会，共赏明月之诗，感受团圆之情。重阳节，组织学生登高秋游，同时弘扬尊老敬老的传统美德。通过这些活动，不仅能让外国学生亲手触摸到中华文化的脉络，更能让他们在心中种下对中国文化的热爱与尊重的种子。

（二）开设传统文化大课堂，加强基本人文知识训练

积极开设传统文化大课堂，并以此为平台，加强学生的基本人文知识训练，有助于全面提升外国学生对中国传统文化的认知与鉴赏能力。教师们可以充分发挥个人专长，结合学校资源，精心策划一系列丰富多彩的传统文学讲座。讲座可以是诗词曲赋的鉴赏，让学生领略古典文学的魅力；可以是儒家经典的深度解析，让学生理解儒家思想对中国社会文化的深远影响；还可以是中华武术的探秘之旅，让学生体验武术的刚柔并济，感受其背后蕴含的哲学思想与修身养性的理念。在内容设计上，应注重全面性与系统性，将中国古文化的精髓、中华传统美德的传承、以及中国各地独特的民风民俗研究纳入课程体系。通过这样的课程设置，学生可以更加立体地认识中国，感受中华文化的博大精深。

为了将理论知识与实践操作紧密结合，还可以设置一系列基础技能训练环节。比如，开设书法课程，让学生亲手体验笔墨纸砚的魅力，感受汉字书写的艺术；开展国画教学，引导学生用画笔描绘心中的山水田园，领悟中国画的意境之美。此外，设置作文、诵读、文学鉴赏、人物评传、文学常识等课程，也有助于提升学生的语言表达能力、审美鉴赏能力和人文素养。

通过开设传统文化大课堂并加强基本人文知识训练，不仅能激发学生对中华文化的浓厚兴趣，还能帮助他们构建起全面而深入的文化认知体系，为成为具有跨文化交流能力的国际人才奠定坚实基础。

（三）融合线上线下资源，创新传统文化传播模式

在对外汉语课外实践活动中，教师可以积极融合线上线下资源，创新传统文化传播模式。通过线上平台，如直播课和社交媒体，学生可远程参与书法、国画等文化体验课程，与艺术家实时互动，感受传统文化的魅力。同时，线下举办“中

国文化日”，设置茶艺展示、传统服饰试穿、中医针灸按摩体验、非遗技艺工作坊等互动环节，让学生亲身体验并深入了解中国文化。线上线下相结合的传播模式，不仅拓宽了学生的学习渠道，也增强了他们的参与感和沉浸感，使传统文化在对外汉语教学中焕发新的生机与活力。

三、语法翻译法

语法翻译法是第二语言教学史上第一个完整的教学法体系，又称“古典法”“传统法”。该教学法以系统的语法知识为纲，依靠母语，通过翻译手段，主要培养第二语言读写能力。

（一）语法翻译法的理论基础

语法翻译法运用的最基本手段是翻译和机械练习，翻译和练习的最终目的也是为了学习语法而服务。学生通过阅读大量的双语读物或原著来加深对目标语的语法规则及应用的理解。

语法翻译法受当时的机械语言学理论的影响很大。机械主义语言学认为：“人类语言是建筑在全人类共有的思想结构的基础上的。”他们遵循“一切语言都起源于一种语言，各种语言基本都是相同的，语言和思维是统一的”这一观点，主张通过两种语言的对比和对译来学习外语。现代语言教学方法已经转向更加交际和任务导向的方法，强调学生的实际应用能力和交际能力。尽管语法翻译法在一些特定情况下仍然有一定的应用价值，但现代语言教学更倾向于综合运用各种方法和教学策略，以促进学生全面发展的语言能力。

（二）语法翻译法的教学原则

语法翻译法的教学原则主要集中在教授语法规则和词汇，并通过翻译和阅读理解来强化学习。

1. 以语法教学为中心，强调系统语法的学习

教学方式着重词法和句法的讲解。以演绎的方式讲授语法规则，即先展示规则，再以例句来印证；以翻译的方法巩固语法规则的学习，主要表现为：①注意将教学中展示的例句翻译成母语；②用翻译母语句子的练习来巩固所学的规则；

③练习和作业也围绕语法进行，如作文不是以训练表达为目的，而是为了熟悉语法规则，如词尾的变化等。

2. 语言材料的内容以能否突出某种语法形式为准

翻译是语法翻译法的核心活动之一。学生进行从母语到目标语言的翻译练习，以及从目标语言到母语的翻译练习。这有助于学生理解两种语言的差异和结构。语法翻译法强调学习和掌握语言的语法规则。教师会详细解释和演示语法规则的应用，学生需要学习和记忆大量的语法知识。

3. 运用学习者母语进行课堂教学

语法翻译法强调对语言点、词汇和语法的教学，系统讲授语法知识。系统的语法学习能够加深学生对目标语的理解，巩固学生的语言知识，打好语言基础，有利于提高学生运用第二语言的能力。语法翻译法对班级规模的大小没有特殊要求，所以教师执行起来会比较方便，学生也更容易适应，不仅能让学生在课堂上学到更多的知识，还能促进师生之间的交际，增加信息交际的总量，提高教学效率。

4. 以阅读和书面翻译为主

长期的阅读训练能提高学生的阅读能力和自学能力。语法翻译法以阅读为主要教学目的和训练手段。学生在长期的阅读过程中不仅能拓宽自己的视野，还能增长知识面，从而提高自身阅读能力。更重要的是，阅读能培养学生分析问题、解决问题的能力，有利于学生形成较强的自学能力。

（三）对语法翻译法的评价

语法翻译法在外语教学中具有悠久的历史和重要的地位。教学目的是培养学生阅读外语范文（特别是古典文学作品）和模仿范文进行写作的能力，以应试为目的。语法翻译法以传统语法作为教授外语的基础。语法被当作语言的核心，是外语学习的主要内容。语法讲解采用演绎法，先讲解语法规则，例句，然后在练习中运用、巩固规则。主要的教学方法为讲解与分析句子成分和语音、词汇变化与语法规则。词汇教学多采用同义词与反义词对比和例句示范法；讲解与分析语法基本上采用演绎法，即教师给出规则或结论，要求学生记忆和用规则解释课文。

以下是在对外汉语教学中使用语法翻译法的优点。

（1）教学中使用语法翻译法可以促进学生语言理解的深度。语法翻译法教学过程中采用详细的语法解析和母语对照翻译，学生可以更加深入地理解汉语的复杂语法结构和词汇用法，为高级阅读和写作打下坚实的基础。

（2）教学中采用语法翻译法，可以增强学生的跨文化理解能力。通过翻译过程，学生可以更好地理解汉语背后的文化内涵和表达方式；采用这种方法有助于促进留学生对中华文化的理解和尊重，有助于提升他们的跨文化交际能力。

（3）对外汉语教师采用语法翻译法可以更好地辅助课堂教学。语法翻译法为教师提供了一种清晰的教学框架，他们可以更为系统地介绍汉语语法和词汇；教师利用学生母语作为桥梁，可以帮助学生更快地掌握新知识。

（4）教学中采用语法翻译法，有助于提升学生的翻译能力。培养学生的翻译能力也是对外汉语教学的重要目标之一。语法翻译法通过大量的翻译练习，能够有效提升学生的汉译外和外译汉能力。

（5）采用语法翻译法可以降低学习难度。在对外汉语教学中，特别是对于初学者来说，使用母语进行翻译可以帮助他们更好地理解学习内容，减少学习上的困难，提高学习兴趣。

作为一种早期的外语教学法，由于历史和社会发展的局限性，不可避免地存在着一些缺点。语法翻译法也有不足之处。

（1）采用语法翻译法进行教学，容易忽视口语与听力的训练。在对外汉语教学中，培养学生的口语表达能力和听力理解能力是极为重要的。然而，语法翻译法过分强调语法规则和书面语的掌握，往往忽视了口语和听力的实际训练，导致学生在真实的语言环境中，如日常交流、商务谈判或学术讨论中，可能表现出表达不流畅、听力理解困难等问题，难以有效运用所学汉语进行实际交流。

（2）采用语法翻译法进行教学，容易导致母语依赖与思维模式的局限。语法翻译法倾向于通过母语翻译来理解和学习汉语，这种方法虽然有助于学生初步理

解汉语的意义，但长期依赖可能导致学生形成“翻译式”的汉语思维模式，即先将听到的或看到的汉语内容翻译成母语，再进行理解和回应。这种思维模式不仅影响语言的自然性和流利度，还可能限制学生直接用汉语进行思考和表达的能力，不利于其汉语水平的全面提升。

（3）采用语法翻译法进行教学，容易导致交际互动的缺乏。对外汉语教学不仅仅是知识的传授，更是语言技能的训练和交际能力的培养。语法翻译法更多地侧重于单向的语法讲解和书面练习，常常忽视师生之间、学生之间的交际互动。这就容易导致课堂氛围沉闷，学生学习兴趣不高，难以有效培养学生的语言交际能力和跨文化交际能力。

（4）采用语法翻译法进行教学，容易导致教学内容与语境的脱节。语言学习离不开具体的语境和文化背景。然而，语法翻译法在教学内容上往往过于注重教学内容中语法和词汇的解释，忽视了语境和文化背景知识的融入。这样的教学方式导致学生在学习过程中难以将所学知识与实际语境相结合，难以形成对汉语的全面理解和掌握。同时，也限制了学生对中华文化的深入了解和欣赏。

（5）采用语法翻译法进行教学，容易导致忽视学生的个体差异。每个学生的语言学习背景、学习习惯和学习能力都是不同的。语法翻译法的教学方式习惯于采用统一的教学方法和进度，不能充分照顾到学生的个体差异和需求。这样“一刀切”的教学方式可能导致部分学生跟不上教学进度，产生挫败感；部分学生则可能觉得教学内容过于简单，缺乏挑战性。因此，在对外汉语教学中，需要更加注重学生的个体差异，采用更加灵活多样的教学方法和手段。

（四）语法翻译法的教学流程

1. 导入与预热

●情境导入：利用与新课内容相关的真实生活场景或文化背景作为导入，激发学生的兴趣，并让学生意识到所学内容在实际生活中的应用。

●复习铺垫：简短回顾上一课的关键词汇、句型或语法点，为新课的学习做好铺垫。

2. 新词学习

●直观展示：利用多媒体或实物展示新词，帮助学生建立直观印象。

●语境融入：在例句中展示新词的用法，让学生理解词语在实际语境中的意义。

●互动练习：设置快速问答、词语接龙等互动方式，加深学生对新词的记忆和理解。

3. 语法讲解与操练

●循序渐进：从简单到复杂，逐步讲解语法规则，确保学生能够逐步消化和吸收。

●例句分析：教师提供丰富多样的例句，分析句子结构，帮助学生理解语法规则的应用。

●分组讨论：教师鼓励学生分组讨论语法点，促进思维碰撞和相互学习。

●实操演练：教师精心设计有针对性的练习，如语法填空、句型转换等，让学生在实践中巩固语法知识。

4. 课文阅读与翻译

●精读课文：教师引导学生逐句阅读课文，理解课文的大意和细节。

●翻译实践：教师鼓励学生尝试将课文中的句子翻译成母语，或由教师提供母语句子，学生翻译成汉语，以检验对课文内容的理解程度。

●文化解析：结合课文内容，教师适当介绍相关的文化背景知识，帮助学生更好地理解所学内容的文化内涵。

5. 拓展与应用

●口语练习：虽然语法翻译法侧重书面语，但可适当设计口语练习环节，如角色扮演、小组讨论等，以提高学生的口语表达能力。

●听力训练：教师利用录音或视频材料，进行简短的听力训练，培养学生的听力理解能力。

●写作实践：根据所学内容，教师布置写作任务，如写日记、短文等，锻

炼学生的写作能力。

6. 作业布置与反馈

●多样化作业：布置包括词汇记忆、语法练习、阅读理解和写作在内的多样化作业，以全面巩固课堂所学内容。

●及时反馈：教师及时批改作业，给予具体、有针对性的反馈，帮助学生纠正错误，提高学习效果。

7. 评估与调整

●定期评估：通过小测验、期中考试、期末考试等方式，定期评估学生的学习成果。

●教学调整：根据学生的学习情况和反馈，及时调整教学策略和方法，以满足学生的不同需求，提高教学效果。

四、语境教学法

在对外汉语文化教学中，语境教学的运用极为重要。语境教学强调语言学习必须依附于一定的语言环境，通过模拟或创造真实的交际环境，帮助学生更好地理解和掌握语言知识及文化背景。从对外汉语教学的视角来看，语境可以分为"上下文语境""情景语境"和"文化语境（即民族文化传统语境）"。上下文语境指的是交际中为了表达某种特定意义所使用的话语结构、表现方式及构成因素，如口语中的前言后语、内部衔接等。通过上下文语境的分析，学生可以更准确地理解词汇和句子的真实含义，避免误解。情景语境包括时间、地点、交际双方、交谈的话题、交谈的正式程度、交谈的方式或媒介等具体因素。教师在教学可以通过模拟或创造真实的情景语境，让学生在具体的交际环境中体验和学习汉语及中国文化。文化语境指的是社会政治背景、社会文化背景、交际双方的社会心理因素、社会角色、历史传统以及艺术表现等更广泛的文化因素。在对外汉语教学中，文化语境的运用涉及语言背后的深层次文化意义和价值观，教师采用语境教学法符合对外汉语教学的跨文化交际特点，有助于在教学中更好地融入文化元素。

语境教学在对外汉语文化教学中的具体运用主要表现为四个方面。

一是词汇教学中的文化导入。教师可以利用上下文语境讲解词汇的特定含义和用法。例如，教师筛选文中具体的句子或段落，让学生理解词汇在不同语境下的不同意义。教师也可以结合文化语境介绍词汇背后的文化内涵。例如，讲解《悬壶日志》中涉及的中医词汇“相生相克”“辨证施治”“标本兼治”等，教师可以介绍相关的中医背景知识、哲学知识及其在现实生活中的运用，帮助学生更好地理解和记忆。

二是语法教学中的文化渗透。通过情景语境的模拟，教师可以让学生在具体的交际环境中学习和运用语法知识。例如，通过角色扮演、情景对话等方式，让学生在模拟的交际场景中练习语法结构。在对外汉语教学的高级阶段，教师还可以分析语法结构中的文化因素，帮助学生理解汉语语法背后的文化逻辑和思维方式。

三是篇章阅读与文化理解。教师精心挑选适合学生水平的，具有文化代表性的篇章进行阅读教学，让学生在阅读过程中了解中国的社会、历史、文化等方面的知识。在讲解课文时，教师进行篇章分析，引导学生理解篇章中的文化元素和文化内涵，培养学生的跨文化交际能力。

四是文化体验与交际实践。教师可以组织文化体验活动，如参观博物馆、参加传统节日庆祝活动等，让学生在亲身体验中感受中国文化。教师还可以鼓励学生参与真实的交际实践，如与中国学生交流、参加社交活动等，让学生在实践中运用所学的语言知识和文化知识。

语境教学在对外汉语文化教学中发挥着举足轻重的作用，它让学习过程更加生动有趣，提升了学生的学习效率与参与度，能够提升学生地跨文化交际能力。教师采用语境教学的方法，可以帮助学生在掌握汉语语言技能的同时，更加深刻地理解中国文化，有助于培养具有国际视野与跨文化交流能力的优秀人才。

五、任务型教学法

（一）任务型教学法在对外汉语文化教学中的应用

任务型教学法是以杜威的实用主义作为教育理论基础的教学模式，强调以学

生为中心，认为学生是知识的主体，是知识意义的主动建构者。任务型语言教学中的“做中学”原则是主张学生自己体验和探索。任务型教学法强调“在做中学”，同时还要“在学中用”，学生在对任务进行完成的过程中，必须要大胆进行交流，在充分利用语言沟通的基础上，才能将任务顺利完成。任务学习法的本质是对语言习得的研究成果，也就是让学习者处于有意义的语言任务环境中，通过交互活动的开展，实现有意义的沟通，在沟通过程中也对语言的习得起到了有效的促进作用。在对外汉语教学中，尤其是融入文化教学时，任务型教学法不仅能够提升学生的语言能力，还能加深他们对中华文化的理解和认同。以下是该教学法在对外汉语文化教学中的具体应用步骤：

1. 任务设计融合文化元素

教师根据学生的语言水平和学习目标设计具体的任务，任务可以是情境对话、信息收集、问题解决等。任务要求学生在实际交际中使用汉语，具有一定的挑战性和现实性。教师在设计任务时，要充分考虑中华文化的特点与精髓，将文化内容巧妙融入语言任务中。例如，设计一项关于“中国正式场合就餐礼仪”的情境对话任务，要求学生能够使用汉语进行关于就餐的基本对话，表达和举止行为还要符合中国的礼仪习惯。这样的任务既能够锻炼学生的语言能力，还可以让学生了解中国丰富的餐桌文化和礼仪，进一步加深他们对中国文化的认识。

2. 情境设置体现文化场景

教师精心设计适合任务完成的情境，如角色扮演、情景模拟等，让学生置身于真实的语言环境中。情境设置的目的在于激发学生的兴趣，使任务更加具有意义和情感上的投入。为了让学生更真实地体验中华文化，教师可以创造富含文化特色的情境——“中医望闻问切”“茶馆品茗论道”等。以这种角色扮演、情景模拟的方式，使学生身临其境地在互动中感受中华文化的氛围，加深他们对中国文化习俗的理解。

3. 学生合作促进文化交流

教师根据教学需要布置任务，学生以小组合作的方式完成任务。在合作中，学生互相学习和支持，共同解决问题，提高语言的运用能力和交际能力。在合作完成任务的过程中，教师要鼓励学生围绕文化主题展开讨论和互动。不同背景的学生可以分享各自对中华文化的看法和体验，通过思想的碰撞和融合，增进相互之间的理解和尊重，同时也促进了中华文化的传播。

4. 任务实施强调文化实践

学生根据教师布置的任务要求，使用汉语进行交际和表达，运用已学的语言知识解决问题。学生在任务实施的过程中可以自主选择语言的使用方式和策略，结合文化元素进行表达，发挥创造性和灵活性。例如，在"制作中国结”的手工任务中，学生不仅要学习相关的汉语词汇和表达方式，还需亲手制作中国结，体验传统文化的魅力。

5. 反思和评价注重文化反思

任务结束后，教师要引导学生进行深刻的反思与综合评价。教师还应鼓励学生围绕任务中的文化现象、价值理念等展开讨论，表达对中华文化的见解与感悟。这样的教学方式可以加深学生对中国文化的理解，还能够培养他们的批判性思维能力。教师要适时给予具体、建设性的反馈，针对学生在语言运用、文化理解及团队协作等方面的表现进行点评。通过这样的反思与评价环节，能够使学生更好地融入中华文化环境中。

（二）任务型教学法在文化教学中的实施策略

任务型教学法对学生综合素质和解决问题的能力提出了更高要求，不再是传统的老师照本宣科，唱独角戏，学生只负责被动接收，没有思维的拓展的方式。任务型教学法也改变了学生的学习状态，使学生从被动接受信息学习，转变为主动思考、实践、探究，运用知识解决问题。在这个过程中，学生会不断地获得成就感，可以更大地激发他们的求知欲望。在对外汉语文化教学中，任务型教学法不仅提升了学生的语言能力，还促进了他们对中国文化的深入理解和应用，对学生的综合素质和跨文化交际能力提出了更高要求。

1. 文化相关语言材料的引入

在引入与中国文化相关的语言材料时，教师需精心准备，确保任务既具有挑战性又贴近学生实际。通过分组预习的方式，教师可以为每个小组分配不同的文化主题，如“中国传统节日习俗”“中国书法艺术”等，让学生利用互联网、图书馆等资源搜集资料。这个过程不仅锻炼了学生的信息搜集能力，还促使他们在预习中初步接触并思考相关文化内容，为后续学习打下基础。教师需明确任务目标，强调文化学习的重要性，引导学生在合作中交流分享，提升语言表述和交际能力。

2. 语言与文化的结合练习

在任务型语言教学中，语言的实践与文化的学习相辅相成，互为促进。机械性练习虽为基础，但真正赋予语言生命力的，是在富有意义的文化情境中的实战应用。教师通过设计诸如中国文化主题的对话、演讲、角色扮演等多元化活动，可以强化学生对语言技能的掌握，还能让他们身临其境地感受文化的魅力，促进语言与文化知识的深度融合。这一过程能够提升学生的跨文化交际能力，还能够激发他们对不同文化的尊重与欣赏，为成为具有国际视野的人才奠定坚实基础。

3. 新语言材料在文化任务中的输出

在任务型语言教学的输出阶段，教师需设计贴近中国生活实际的交际任务，让学生在完成任务的过程中运用所学语言和文化知识。例如，教师可以设计一项“中国茶文化体验与传播”的任务。在这项任务中，把学生分为不同的小组，每组负责研究、展示一种中国传统茶（如龙井、普洱、铁观音等）的文化背景、制作工艺、冲泡方法,还要讲解相关的历史故事或诗词歌赋。学生要先通过查阅资料、观看视频或实地探访等方式，深入了解所选茶种的相关知识，并用汉语进行归纳总结。随后，在小组内部分工合作，设计一场生动有趣的茶文化展示活动，如茶艺表演、品茶体验、茶诗朗诵等环节。在任务的整个过程中，学生须运用汉语进行交流讨论。设计这样的任务既能够锻炼学生的汉语能力，又能够深化他们对中国茶文化的理解，促进文化交流与认同。学生合作的过程还能够培养他们的创新思维、团队协作，有助于学生综合素质的提升。

第二节　传播原则

对外汉语教学在不同的语言教学法流派的基础上，逐渐形成了一些具有指导意义的课堂教学原则。这些原则在对外汉语教学中被广泛应用，旨在提高教学效果，促进学习者语言能力和交际能力的全面发展。根据具体的教学目标和学习者的需求，教师可以灵活地运用这些原则来指导和组织课堂教学活动。

一、精讲多练原则

课堂教学是师生共同活动、完成既定目标的过程，不是作专题性的讲演或报告，可以由一个人长篇大论地从头说到底。因为即使教师口才好，知识渊博，讲得生动，如果没有教和学的互动作用，那么这些知识仍归教师自己所有，不可能或很少可能转化为学习者所有。所以课堂教学要讲究精讲多练的原则。

1.精　讲

精讲是在教学过程中对关键、核心和实质性内容进行重点讲解，通过演绎法、归纳法或比较法等教学方法，并结合图片、电教等直观手段，简洁明了地引导学习者的注意力和思路，直接介绍定义、内涵、规则或结论等要点。在进行精讲时，需要对那些无关紧要、可有可无的内容进行筛选和割舍，以节省时间让学习者有更多的练习机会。例如，在讲解“中国四大发明”时，教师可以精讲造纸术、印刷术、指南针和火药的历史意义与现代影响，利用图片展示发明实物及其演变过程，直观地呈现“四大发明”的重要性。通过归纳法总结四大发明对全球文明进程的贡献，引导学生思考其背后的文化智慧。再比如，在探讨“中国饮食文化”时，教师可以精讲中国八大菜系的特点与代表菜品，利用图片展示美食的色香味，激发学生对中国美食的兴趣。通过演绎法，讲述几道经典菜肴背后的历史故事或烹饪技巧，让学生在学习语言的同时，深切感受到饮食文化中的故事性和人文情怀。

2. 多　练

多练是指通过反复练习新学知识，将其印入大脑并转化为能力的心理活动。在多练的过程中，学习者通过调动多种感觉器官，例如观察、听取、口头表达和书写等，进行多通道的信息接收和加工。这样可以在相关的大脑皮层中留下更深刻的痕迹，形成永久的长期记忆。多练不仅仅停留在机械的操练上，而且与大脑的思维密切相关。通过多次重复练习，学习者能够将知识与思维相结合，使其能够迅速作出反应，并达到熟练或自动反应的程度。这意味着学习者可以在不经过深思熟虑的情况下，迅速、准确地应用所学知识或技能。

教师在精讲了中国四大发明或中国饮食文化等关键内容后，“多练”便成为将理论知识转化为实际技能的关键步骤。在“多练”阶段，教师可以设计多样化的练习活动，如角色扮演、小组讨论、案例分析、项目作业等，鼓励学生积极参与，动手实践。例如，在学习中国四大发明后，教师可以组织学生进行小组辩论，探讨这些发明对未来科技发展的启示；或者设计创意写作任务，让学生以现代视角重新构想四大发明的应用场景。在饮食文化的教学中，则可以在精讲后安排烹饪体验课，让学生亲手制作几道经典菜肴，感受食材的变化与烹饪的乐趣；或者举办美食文化节，让学生扮演不同菜系的厨师，向其他同学介绍并分享自己的美食作品。通过这些“多练”的活动，学生不仅能够在实践中加深对文化知识的理解，还能在互动交流中提升语言表达能力和跨文化交际能力。同时，“多练”也有助于激发学生的学习兴趣和创造力，让他们在实践中发现问题、解决问题，从而真正掌握并内化所学知识。

在对外汉语文化教学中，精讲多练原则不仅是提升教学质量、促进学生有效学习的关键，更是深化学生文化理解、培养跨文化交际能力的有效途径。通过精讲，教师能够精准把握文化知识的核心要点，以生动有趣的方式引导学生进入文化探索的殿堂，激发学生对中国文化的浓厚兴趣。而多练则为学生提供了将理论知识转化为实际能力的平台，通过多样化的实践活动，让学生在做中学、学中做，不仅巩固了语言知识，更深刻体验了文化的魅力和内涵。这种教学模式不仅促进了学生语言技能的提升，还培养了他们的批判性思维、创新思维和解决问题的能力，为他们成为具有国际视野和文化自信的跨文化交际者奠定了坚实的基础。

二、循序渐进原则

循序渐进原则是指教学要按照学科的逻辑系统和学生认识发展的顺序进行，使学生系统地掌握基础知识、基本技能，形成严密的逻辑思维能力。

学习是一个由浅入深的过程，文化学习是一个逐渐适应目的语文化的过程。要想一下子将文化教学的内容灌输给学生，不但使他们难以接受和记忆，更有可能使他们对汉语的学习产生厌烦心态。随着语言学习的不断深入，逐渐加入文化教学的内容，这样才能使学生比较容易接受。

不同阶段学生的语言学习会呈现不同特征。对外汉语教师必须根据各阶段学生的特点，选择恰当的教学内容、教学方法，从易到难、循序渐进地教授给学生语言和文化知识。例如，初级阶段，应让学生了解一些最为普遍、最为常见的文化现象，介绍一些日常生活必备的文化知识。中级阶段则可以深入介绍一些必要的文化背景知识。到高级阶段，还可以适当扩大文化教学的内容，深入介绍。因此，所谓的“文化渗透”应该是根据不同学生的特点、循序渐进地制定。进行“忠”的文化教学也应循序渐进，从语言教学过渡到文化渗透。

贯彻循序渐进原则的基本要求是：第一，按教材的系统性进行教学。按课程标准、教科书的体系进行教学是为了保证科学知识的系统性和教学的循序渐进。要求教师深入领会教材的系统性，结合学生认知特点和本班学生情况，以指导教学的具体进程。第二，抓主要矛盾，解决好重点与难点的教学。循序渐进并不意味着教学要面面俱到，而是要求区别主次，有详有略地教学。第三，由浅入深，由易到难，由简到繁。这是循序渐进应遵循的一般要求，是行之有效的宝贵经验，符合学生认识规律。《学记》提出了“幼者听而弗闻，学不躐等也”的著名的教学思想。什么是“学不躐等”呢？就是“学习不能超越次第，应循序渐进地学习”。

在进行文化教学时，首先从比较容易理解的内容入手，比如先了解春节、端

午节和清明节这样的传统节日和婚丧嫁娶这种平时能够接触到的传统民俗。对于这些每个人都经常见到的和比较具有中国特色的文化内容，学生比较有兴趣，而且也容易理解。然后，再更深一步地延伸到传统道德以及世界观、哲学观等比较抽象的内容。这些文化内容在中国人看来都十分难以理解，更不要说是正在学习汉语的外国人。虽然如此，这些仍是我们中华文化的精髓，要想更深入地了解中国，做一个中国通，这些知识的摄取必不可少。

三、交际性原则

在全球化的浪潮中，对外汉语教学作为连接不同文化和促进国际交流的桥梁，其重要性日益凸显。传统的教学模式往往侧重于语言知识的传授，而忽视了语言作为交际工具的本质属性。然而，在当今这个多元文化交流日益频繁的时代，培养学生的跨文化交际能力已成为对外汉语教学的重要目标之一。因此，交际性原则在对外汉语文化教学中的深度融合与实践探索显得尤为重要。

（一）交际性原则的核心理念

交际性原则，简而言之，就是将语言教学置于实际交际的情境中，以培养学生的交际能力为核心。这一原则强调，语言学习的最终目的不仅仅是掌握语法规则和词汇，更重要的是能够在真实的交际环境中自如地运用语言。在对外汉语文化教学中，交际性原则的贯彻意味着我们不仅要传授汉语知识，更要引导学生理解中国文化，学会在跨文化背景下进行有效沟通。

（二）交际性原则在对外汉语文化教学中的意义

1. 交际性原则有助于促进语言技能的综合发展

在传统的语言教学中，听、说、读、写往往被割裂开来单独训练，而在交际性原则的指导下，这些技能被整合到真实的交际任务中，使学生在实践中全面提升语言能力。通过模拟真实的交际场景，学生可以更加直观地感受到语言的实际运用，从而加深对语言规则的理解和运用能力。

2. 交际性原则有助于增强文化认同感与跨文化意识

语言是文化的载体，学习一门语言也是学习一种文化。教师在教学中通过交际性原则的引导，学生可以更加深入地了解中国文化的内涵和特点，增强对中国文化的认同感和尊重。学生在跨文化交际的过程中也能够学会尊重和理解不同文化的差异，培养跨文化意识和包容心态。

3. 交际性原则有助于提升跨文化交际能力

在全球化的时代背景下，跨文化交际能力已成为衡量人才素质的重要标准之一。学生通过交际性实践，可以学会如何在不同文化背景下进行有效沟通，如何处理文化差异带来的挑战和冲突。这种能力的培养有助于学生的个人成长和职业发展，也有助于促进国际友好交流与合作。

（三）交际性原则在对外汉语文化教学中的深度融合

为了实现交际性原则在对外汉语文化教学中的深度融合，可以从以下三个方面入手进行实践探索：

在课程设计与教材编写方面，应注重内容的交际性和实用性。课程设计应围绕学生的实际需求和兴趣点展开，选取贴近生活实际、具有时代感和文化特色的教学内容。教材编写要注重语言的真实性和情境性，通过模拟真实的交际场景和提供丰富的对话材料来引导学生积极参与语言实践。教材尽可能多地融入中国文化元素和跨文化交际技巧的介绍，帮助学生更好地理解和运用汉语进行跨文化交际。

在教学方法和策略上，教师应积极采用任务型教学法、互动式教学等现代教学手段，激发学生的学习兴趣和积极性。任务型教学通过设计具有明确交际目标的任务，引导学生参与语言实践，使学生在完成任务的过程中学习和使用语言。互动式教学通过营造师生互动、生生互动的课堂氛围，促进学生的语言输出和思维发展。教师还可以利用多媒体辅助教学等现代技术手段，丰富教学方法和教学资源，提高教学效果和质量。

在课外实践活动与国际交流方面，教师应积极组织学生参与各种形式的语言实践活动和文化体验活动。这些活动不仅可以为学生提供展示自己语言能力和交际能力的平台，还可以让他们亲身感受中国文化的魅力和多样性。同时，学校或

机构还应加强与国际教育机构、友好学校的交流与合作，为学生提供更多的国际交流机会和平台。通过与国际学生的互动交流和合作学习，学生可以更加深入地了解不同文化的差异和共通之处，培养跨文化意识和交际能力。

交际性原则在对外汉语文化教学中的深度融合与实践探索是一项长期而艰巨的任务。作为对外汉语教师，要坚持以学生为中心的教学理念，注重教学内容的交际性和实用性，积极采用现代教学手段和方法激发学生的学习兴趣和积极性，加强课外实践活动和国际交流来拓展学生的视野和经验，为培养出更多具有国际视野和跨文化交际能力的高素质人才贡献自己的力量。

四、实践性原则

实践性原则是教育和文化传播领域的核心准则，强调理论知识与实践操作紧密结合。它要求学习者在参与实践活动的过程中，将所学知识应用于实际，通过亲身体验深化理解，提升技能水平。在对外汉语文化教学中，实践性原则极为重要，教师组织丰富的文化活动，为学生提供真实的文化体验，使学生更加直观感受并深入理解中国文化，增强他们的跨文化交际能力。这一原则的实施，可以丰富教学手段，也有助于学生综合素质的全面提升。

对外汉语教师在教学中可以根据实践性原则，结合课程内容或者节日、节气等，设计一系列贴近学生生活实际、具有可操作性的实践活动。例如，在讲解中国传统节日时，教师可以组织学生参与节日的庆祝活动，如包饺子、做月饼、猜灯谜等。学生在动手实践的过程中可以亲身感受节日的氛围，了解节日背后的文化内涵，在实践中加深他们对中国传统文化的理解和认同。

教师还可以充分借助现代技术手段，创新文化教学的实践方式。随着科技的发展，虚拟现实（VR）、增强现实（AR）等技术在教育领域的应用日益广泛。教师可以利用这些技术，为学生打造沉浸式的中华文化体验环境。比如，通过 VR 技术，学生可以“身临其境”地游览故宫、长城、园林等名胜古迹，感受中华文化的博大精深；通过 AR 技术，学生可以亲手“触摸”到古代文物，了解它们的历史故事和艺术价值。

实践性原则还强调文化教学与社会实践的紧密结合。教师可以组织学生参与社区服务、文化交流等活动，让他们在实践中运用所学的语言知识和文化知识，与不同文化背景的人进行交流和互动。以此锻炼学生的语言能力和跨文化交际能力，还能培养他们的社会责任感和公民意识。

在对外汉语文化教学中灵活运用实践性原则，可以丰富教学手段和方式，还能够提高学生的学习效果和兴趣。实践性教学能够让学生在亲身体验中感受文化的魅力，深化对文化的理解和认知；同时，也促进了学生语言能力和跨文化交际能力的全面发展。

五、适度性原则

适度性原则是指在教学过程中，教师根据学习者的情况和学习任务的要求，合理安排和调整教学内容、方法和策略，以达到最佳的教学效果。适度性原则强调了在教学中的灵活性和个体化，以满足学习者的需求和促进他们的学习发展。

适度性原则的核心思想是根据学习者的需求和教学任务的要求，灵活调整教学策略和方法，以实现最佳的教学效果。教师应具备敏锐的观察力和反思能力，不断评估和调整自己的教学实践，以满足学习者的学习需求，并促进他们的学习成长和发展。比如，在对外汉语“忠”文化教学中，教师应把握好适度原则，考虑到每个阶段学生的心理因素，因材施教，这样才能达到更好的教学效果。对于汉语水平较低的学生来说应教授简易的“忠”的释义，太多文化内涵反而会造成负担，难以消化理解。对于汉语水平较高的学生，则可深入文化渗透，在语言理解的基础之上，他们也往往希望多学一些中国文化。

对外汉语文化教学在内容上是十分灵活新颖的，它不同于普通的纯语言知识的讲授，具有生动、有趣的特点。在讲授文化内容的时候，我们不能一味死板地只照着文化教材上的内容一句一句解释给学生听，有条件的话可以让学生动起来。比如，教学生亲手编织中国结、包饺子、剪窗花、学京剧等。在与学生的互动中，老师可以向同学们介绍中国结所包含的团结喜庆的意义，还可以多讲一些除了包饺子、剪窗花之外的各地年俗，让同学们懂得欣赏京剧这样的国粹，在活动中增

长知识和见闻，丰富课堂学习的手段，使课程马上变得生动有趣起来，帮助学生更好地理解和记忆所学的文化知识，同时培养他们对中华文化的浓厚兴趣，进步激发他们学习汉语的热情。这也是对外汉语文化教学的意义所在。

六、趣味性原则

“教人未见意趣，必不乐学。”这就是说，浓厚的兴趣可激起强大的学习动力。但是很多语言教师却将语言教学固化，照本宣科，常常会造成课堂气氛的沉闷，缺乏灵活性，学生也会逐渐失去了对学习的兴趣。在语言教学中，趣味性教学就满足了这个要求，通过一系列的方法，调动起学生学习的积极性和主动性，从而达到语言教学的最终目标，使学生具备用汉语进行交际的能力，而如果教学过程中不能激发学生的学习兴趣是很难实现这一目标的。在对外汉语教学中，尤其需要注重趣味性原则的应用，以激发学生的学习热情，使他们在轻松愉快的氛围中掌握汉语及其背后的文化精髓。趣味教学的方法介绍如下：

1. 表演法：情境再现，文化沉浸

在对外汉语教学中，表演法又叫做“体验文化教学法”。教师要深入挖掘课文中蕴含的文化元素，在教授语言知识的同时，引导学生更直观地体验中国文化。在授课时，教师可以采用让学生表演的方式，引导学生深入理解并亲身体验这些文化内容。例如，教师在讲解与购物相关的常用词汇，如“价格”“打折”“试穿/试吃”等，可以让学生分组扮演顾客、售货员等角色进行购物对话表演。教师可以设置不同的购物情境，如购买水果、衣物或日用品等，引导学生练习词汇和使用购物中的常用句型，如“这个多少钱？”“可以便宜点吗？”等。除了练习词汇和句型，教师还要引导学生认识文化间的差异——在中国，购物不仅仅是简单的交易行为，它还蕴含着丰富的社交礼仪和独特的文化习俗，如讨价还价的乐趣与智慧。通过表演，学生可以亲身体验这一文化现象，在轻松愉快的氛围中，加深对中国文化的理解和认同。

2. 记忆法：竞争与合作，寓教于乐

记忆法是训练学生短时记忆能力的有效手段，在对外汉语教学中同样适用。

教师可以通过设计各种记忆游戏，如词语接龙、文化常识问答等，让学生在竞争中学习，在合作中进步。例如，教师可以列出一些与中国文化相关的词汇，如“端午节”“中秋节”“京剧”等，要求学生在规定时间内记忆并尝试用这些词汇造句。几分钟后，举行小组竞赛，检验学生的记忆效果，教师评选出优胜者并给予奖励。记忆游戏可锻炼学生的记忆能力，还可以激发他们的学习热情。通过教师设置的文化常识问答等环节，学生还能在轻松愉快的氛围中学习到更多的中国文化知识，增强对中华文化的认知和理解。

3. 游戏法：互动体验，乐在其中

游戏法是趣味性教学中不可或缺的一部分。在对外汉语教学中，教师可以设计各种与教学内容相关的小游戏，让学生在游戏中学习汉语及其背后的文化。例如，在初级汉语汉字教学中，教师可先以“山”“水”为例，向学生介绍这两个汉字的由来。在学生明白了汉字的来源以后，教师鼓励学生发挥想象，试着画一画“日”“月”。随后，教师选出优秀的画进行点评。按照这个思路，让学生再根据另外一些汉字展开想象，进行绘画。通过这样的游戏，能够让学生认识到汉字的独特性，也能够让学生在轻松愉快的氛围中感受到了汉字文化的魅力。另外，教师还可以利用现代科技手段，如多媒体教学设备、虚拟现实技术等，设计更加生动有趣的互动游戏。例如，在 VR 环境中，将汉字的各个笔画或部首拆分开来，设计成拼图游戏。学生需要通过旋转、拼接等动作将笔画或部首组合成正确的汉字。在游戏的体验中，锻炼了学生的空间想象能力，还能够加深他们对汉字结构的理解。

4. 儿歌、绕口令法：音韵之美，文化韵味

儿歌和绕口令具有独特的音韵之美和趣味性，是汉语教学中常用的手段，深受学生的喜爱。在对外汉语教学中，教师可以选取融入中国文化元素的儿歌和绕口令作为教学素材，教授学生汉语的发音、词汇和语法知识。例如，教师可以选择一些与中国传统文化相关的儿歌，如“数九歌”“中秋节歌”等，让学生在歌唱中感受中国文化的韵律之美。另外，教师带领学生练习绕口令，如“吃葡萄不

吐葡萄皮儿，不吃葡萄倒吐葡萄皮儿”等，锻炼学生的发音和口语表达能力。这些生动有趣儿歌和绕口令富含文化韵味，能够让学生在轻松愉快的氛围中学习到汉语及其背后的文化知识。教师带领学生反复练习和吟唱儿歌、绕口令，还能加深学生对汉语发音和语调的掌握，提高口语表达能力。

七、突出语言教学特点的原则

语言教学有其独特性，学习者需要在原有的母语基础上掌握第二语言（目的语）的表达和思维方式。为了促使学习者快速建立新的第二语言系统，在教学过程中要提供一个语言环境，让学习者在真实的语言使用情境中接触和使用目的语。这可以包括沉浸式语言课程、语言交流活动和实地实践等。通过与母语使用者的互动和实践，学习者可以更快地适应和掌握目的语的表达方式。

所谓突出语言教学的原则，体现在 3 个方面。

1. 听说读写全面发展

语言学习涉及听、说、读、写等多个方面的技能和知识。任何一项技能的偏颇或疏忽都可能导致学习的不完整和缺陷。过去，以阅读为主导的外语教学导致学习者在口语和听力方面的不足，而现在一些西方学习者由于对汉字的畏惧，只注重听说而忽视了对汉字的学习，也影响了汉语水平的提高。

听说和读写是密不可分的，它们相互联系、相互作用。听和读是语言信息的输入，而说和写是语言信息的输出。通过听和读，学习者获取语言输入和模仿的机会；而通过说和写，学习者运用语言进行表达和实践。只有将听说和读写结合起来，学习者的语言水平和技能才能得到全面提高。

2. 由中介语向目的语靠近

中介语是语言学习过程中常见的现象，它是学习者在目的语学习中掺杂母语的语音、词汇和语法特点，或者带有一些偏误的过渡性语言。虽然每个学习者的中介语具有自己的习惯和特点，但它仍然是一个有规律可循的语言系统，并且是一个不断变化的系统。中介语有规律可循，这是因为外国学习者，尤其是来自同一国家的学习者，他们在汉语表达方面的方法和出现的错误非常相似和接近。即使同一个错误被多次纠正，学习者仍然可能再次犯错。同时，中介语也在不断变化，随着语言学习和实践的深入，外国学习者说的汉语逐渐丧失外语口音，口头和书面错误也逐渐减少，他们逐步接近和融入汉语。语言学习产生的中介语具有积极意义，教师不应厌恶这种中介语，而应鼓励学习者大胆应用，并研究他们的中介语规律。教师应耐心纠正和指导学习者，肯定他们的成绩和小进步，并积极引导他们朝着正确的语言方向迈进。了解和研究学习者的中介语有助于教师更好地理解学习者的语言发展过程，有针对性地进行教学。通过纠正和引导，学习者可以逐渐克服中介语的影响，向更接近目标语的表达方式迈进。

3. 结构、功能、文化的结合

结构、功能和文化的结合是当今对外汉语教学的趋势。在对外汉语教学的历程中，人们逐渐意识到单一的教学方法无法满足学习者的全面发展需求。过去的教学方法偏重语法结构，或者转向以功能表达为主，甚至有以文化替代语言的倾向。然而，单一方法的运用往往会导致学习者在某些方面存在偏颇和不足。事实上，语言学习离不开语法结构，因为语法结构是构建句子的基础。同时，语言学习也离不开功能表达，因为功能表达是构建话语的前提，头脑中的概念需要以某种表述、指令、承诺、表达意图等方式来准确表达。语言学习也离不开文化，因为言语表达中必然蕴含着特定的文化习惯、背景和内容。综合运用这三个方面，可以帮助学习者全面提高汉语水平和技能。教师在教学中可以设计活动和材料，使学习者在语法结构的学习中能够实际运用，通过功能性的任务和交流活动提升他们的语言表达能力，同时引导学习者了解和体验汉语所蕴含的文化内涵。

第三节 “因材施教”与中国传统文化传播

孔子，作为儒家学派的创始人，他的许多思想对中国乃至全世界的教育领域都有着深远的影响。在孔子的教学思想中，比较重要的一条是因材施教。战国时儒生所著的《学记》也有类似的论述：“学者有四失，教者必知之。人之学也，或失则多，或失则寡，或失则易，或失则止。此四者，心之莫同也。知其心，然后能救其失也。”这条方法，被后人通称为“因材施教”。“因材施教”是孔子教学方法的一个很重要的特点，也是他在教学实践中取得突出成就的重要原因之一。孔子是以培养具有“仁者”品质的君子来实行仁政为教育目的任务的，是用诗书礼乐做教材以使学生行礼成仁的，这是他对学生的共同要求。但在贯彻这一共同的总的要求时，他却考虑到每个学生的性情才能和实际水平，通过对学生的亲密接触和仔细的观察，深刻地了解学生，对不同的学生提出不同的要求，进行不同的教育。《论语》中保存有这方面的相当数量的资料。对外汉语教学中，结合“因材施教”的教育思想，将教学“个性化”，更有利于学生学习和掌握汉语知识。“因材施教”的原则主要是从以下三方面来贯彻的。

一、针对学生学业程度的高低，进行不同的指导

（一）在《论语》[①] 中的体现

子曰：“中人以上，可以语上也；中人以下，不可以语上也。”[②] 孔子根据这一原则，便对他的学生进行不同的教导。根据孔子的教导原则，他对学生进行了个别化的教导和指导。他认为，如果学生的水平在中等以上，就可以与他们讨论高深的学问；而对于水平在中等以下的学生，就不宜与他们讨论高深的学问。比如，

① 刘萍.《论语》教育思想对对外汉语教学的启示[D]. 广西大学，2014:120.

② 陈泽胜. 师者何以为师：古代儒家学派理想教师形象研究[D]. 浙江师范大学,2021:56.

孔子对曾子进行了特殊的教导。曾子的学问修养在孔子门下较高，因此孔子主动向他传授关于“一贯”的深刻理论。这个理论对其他学生来说可能难以理解，所以在孔子离开后，他们向曾子请教。由于曾子的学识水平较高，他能够用“忠恕”这两个字来概括并说明“一贯”的理论。通过这样的个别化教学，孔子能够更好地引导学生，使他们在不同的学识水平上都能够得到适当的教育和启发，发掘他们各自的学习潜力。这也体现了孔子对学生个体差异的重视，并将教学方法因材施教的思想贯穿于教育实践中。

（二）在对外汉语教学中的体现

1. 分班原则

在对外汉语教学中，学生来自世界各地，他们的母语不同、文化背景不同，如果按照不同的国家进行分班，目前还不能达到这个水平。虽然他们有很多差异，但是根据他们掌握的汉语程度，可以以此对其进行分班。水平高些的可以进入高级班，水平中等可进中级班，而刚刚入门的就比较适合初级班。这样，每个层次的班级都有相应的专门教师进行指导和教授，进行汉语学习的外国学生们就可以在自己原有水平的基础上更有效地进行学习和提高。

2. 同班内不同方式的教育

对学生进行合理的分班后，还要掌握不同学生的知识进度，进行不同方式的教育。在同一个班级里的同学对汉语的学习程度有很大的区别，有领悟快的，有领悟慢的；有擅长口语和听力的，有擅长笔写的；有基础牢固的，也有基础薄弱的。在这种情况下，要照顾到每个学生的进度就是很困难的事情。一般的做法就是教师只按照教学规定的进度进行讲解，其结果是学生中只有部分人达到了学习目的。这样也可以说是完成了教学任务，客观上也达到了教学目的，但是实际上的教学还是没有做到因材施教。真正做到因材施教不仅要求教师要了解每个学生的具体汉语程度，还要求教师在了解每个学生的具体汉语程度上制定具体的适合每个学生的教学方案。欧美学生注重语言的理解、运用，但对汉字的书写掌握有相当大的问题，可以让他们认识生词，会读、会用即可，不必要求每个学生都

花几个小时去写生词，那样会事倍功半；而韩日学生生词关很容易过，那就在词语、句法的运用上多训练他们，会取得好的效果。

二、针对不同志趣和要求，采取分科教学

1. 在《论语》中的体现

孔子教育中的“四科”，就是根据学生的不同特长进行区分的，不是按照事先的“计划”和“设置”区分的。颜渊等四人在“德行”方面很优异，冉有、子路在“政事”方面很突出，宰我、子贡在“语言”方面很有成就，子游、子夏在“文学”（主要指文献）方面很有造诣，因而成为四个方面有突出贡献的代表。但这并不只是“专业”特长。这不仅是因为在当时并没有专业设置；而是因为孔子并不要求他们专攻一科，不管其他。实际上，这些学生都是全面发展的，只是在全面发展的基础上，各人表现出不同的性格倾向和兴趣爱好。孔子便根据他们的不同特点，进行引导，使其充分发挥各自的特长，因此才有这样的成就。比如“政事”，固然是冉有、子路的特长，但别的学生同样可以胜任。有一次，季康子问孔子，子路、冉求和子贡三人能不能治理政事，孔子除了回答子路勇敢果断，冉求多才多艺，对于从政没有任何困难之处，还肯定了子贡的才能；“赐也达，于从政乎何有？”即子贡通达事理，从政是绰绰有余的。这就是说明，孔子的教学是在共同一致的教育要求基础上，来进行因材施教的，从而达到个人特殊才能的发展。

2. 在对外汉语教学中的体现

来自不同地区和国家的学生们，由于受其文化背景和生活习惯的影响，会有不同的兴趣爱好。在对外汉语教学的过程中，可以充分结合他们感兴趣的事物，在更加生动形象地讲解汉语的同时，了解世界各地更广泛的文化、习俗。比如，一个班的学生大多来自亚洲，在学习中国文化课的时候，可以让他们对比与自己国家此类文化的异同。由于许多亚洲国家都属于汉语文化圈，许多文化多多少少都会有些关联，学生们在学习此类文化的时候，大多会表现出较高的兴趣和积极性。再结合自己原有的知识，这样可以更好地理解中国的文化。来自欧美国家的

学生，一般比较活跃，表现力强。根据他们的这一爱好特点，在课上可以根据课程的需要设计一些相关的游戏，充分活跃课堂气氛，点燃他们学习汉语的热情。

另外，留学生们学习汉语有不同的需求。有的为了某种需要在短期内学会一些汉语的日常用语，有的因为对汉语的兴趣希望深入学习研究汉语。留学时间的长短反映了不同的留学目的和留学要求，在一定程度上决定了学习内容的多少和深浅，教学进度显然不同。因此，把短期培训和长期留学的学生分开，分别组织教学，对教师来说方便了工作，可以统一教学内容，掌握教学的进度和深浅程度；对学生来说，使他们在相应的时间里获得了自己最想得到的知识和能力。这是完全应该的，也是十分必要的。

三、针对不同的个性特点，对症下药

1. 在《论语》中的体现

孔子的弟子很多，遍布各地，他们性格各异，兴趣不同，在孔子的感召之下，走到一起。对于弟子们的性格特点，孔子非常熟悉，了如指掌，因而能够因材施教。但是，不同性格，既有优势的一面，又有不足的一面。孔子的方法是，鼓励其所长，克服其所短，这样既能发挥其所长，而又能得到全面发展。

比如，子路是一位很有性格特点的学生，勇敢而直率。孔子很喜欢这位学生，但又经常批评和指导他。试举几例：

子曰："道不行，乘桴桴于海，从我者，其由与？"子路闻之喜。子曰："由也好勇过我，无所取材。"

子谓颜渊曰："用之则行，舍之则藏，惟我与尔有是夫！"子路曰："子行三军，则谁与？"子曰："暴虎冯河，死而无悔者，吾不与也。必也临事而惧，好谋而成者也。"

子曰："衣敝缊袍，与衣狐貉者立，而不耻者，其由也与！'不忮不求，何用不臧？'"子路终身诵之。子曰："是道也，何足以臧？"

第一条材料，说明孔子对子路的勇敢精神的信任和高度评价。道不行而乘船出海，这是孔子对他的终生抱负和处境的最重要的诉说和感叹，如果真是这样，

他相信跟随他的将是子路。所以，子路听后很高兴。但是，子路的缺点是好勇而缺乏深谋远虑，因此，孔子又说，子路的勇敢超过了我，但是，只有勇敢就无所取了。第二条材料则进一步说明，像赤手搏虎、只身淌河、至死不悔这样的勇敢，是成不了事的，必须有谋而能成事者。第三条材料则表扬了子路不自卑、不嫉妒、不贪求的品格。但是，当子路只是念诵孔子的这些话时，孔子又说，仅仅这些品格，还不是很好（“臧”）呢。这就提示子路，还要在这些品格的基础上进一步深造。

孔子教育学生，不是千篇一律的，他能根据学生不同的性格，有针对性地进行教育。同样一个问题，对不同学生有截然不同的回答。

譬如，“子路问：‘闻斯行诸？’子曰：‘有父兄在，如之何其闻斯行之？’冉有问：‘闻斯行诸？’子曰：‘闻斯行之。’公西华曰：‘由也问闻斯行诸，子曰‘有父兄在’；求也问闻斯行诸，子曰‘闻斯行之’。赤也惑，敢问。’子曰：‘求也退，故进之；由也兼人，故退之。”①

此段记载生动描绘了孔子在其问答教学法针对性地对弟子进行教学的情景。子路和冉有向孔子请教的是同一个问题：听到一个很好的主张，是不是应该马上去做呢？孔子却对不同的人作出不同的回答。他对子路说：家里父兄在，你应该先向他们请教再说，哪能马上去做呢？而对冉有却是加以肯定：应当马上就去做。站在一旁的公西华想不通，便问孔子这是为什么呢？孔子开导说：冉有遇事退缩，所以要鼓励他；子路遇事轻率，所以加以抑制。

2. 在对外汉语教学中的体现

在对外汉语教学中，此类“因材施教”的指导方法更是尤为重要。俗话说“知己知彼”，我们的对外汉语教学对象是来自不同国家的外国学生。了解学生是由学生在学习过程中的主体地位决定的，也是“以学生为中心”教学原则的基本要求。孔子了解学生特点有一套科学的方法，他说“听其言，观其行”，“视其所以，观其所由，察其所安”。对外汉语教学中的留学生来自世界各国，文化背景、生活习惯、宗教信仰、知识结构、年龄大小、个性特点和学习目的等等各不相同。了解学生，

---

① 陈晓芬. 论语 [M]. 北京：中华书局，2016：144-145.

就要了解学生的性格特征、认知风格、文化背景和目的语水平等方面的内容。

（1）了解来华留学生汉语学习的目的和动机

对外汉语教育作为一门应用学科，与实践紧密相连，学习者的动机直接影响第二语言习得的效果，这点已经被许多研究者的调查所证实。来华学习汉语的留学生数量不断增加，教师更应分门别类了解他们的汉语学习动机，以便更好地因材施教，帮助他们更好地掌握汉语。来华留学生的学习动机大体分为工具动机、融入动机和成就动机。工具动机是指学习第二语言能得到回报的那种动机，例如，能得到一份工作、将来能事业有成、能通过考试等；融入动机是指第二语言学习者对目的语民俗和文化具有浓厚兴趣，真诚地希望融入目的语社会而学习第二语言的动机，例如，希望与中国人交朋友，更多地了解中国文化；成就动机是指驱动学生在第二语言学习中力求成功或取得成就的内部力量，例如，在成功地学会了汉语后感到骄傲。一般调查结果是留学生学习汉语的工具动机较强，但内部工具动机差异较大，出现以下特点：亚洲和非洲学生、年龄较大学生、学历较高学生工具动机较强。亚洲学生和 19 岁以下学生的融入动机比较强。亚洲各国历史上受中国文化影响较深，一直以来有学习汉语的传统。19 岁以下和高中学历的留学生由于受到年龄和学历的限制，对中国了解不多，想要认识和了解中国。留学生的成就动机普遍较强，但是内部差异较大：非洲学生，19 岁以下学生和 40~49 岁学生成就动机较强。留学生来华求学的目的不仅是在大众化教育下寻求素质的提高，更重要的是寻求个人在社会上的立足和职业上的发展。

（2）了解不同国家留学生的学习特点

来自不同国家的留学生学习汉语的方向是不同的，欧美是实用主义，主要注重学习汉语的听说以及中国的文化特征，不是很注重汉语水平考试，他们学习汉语的程度标准往往是靠他们自己的感知；亚洲人尤其是韩国、日本学生往往很重视汉语水平考试，同时也强调汉语的实用价值，要求得很全面；非洲的学生学习的方向没有什么特殊偏重。这是大的趋向，而每个人都还有自己的不同学习方向和需求。研究学生的心理素质和学习能力的个体差异，也是了解留学生学习特

点的重要内容。美国学生崇尚个性、追求自由，他们外向、热情，喜欢表现自我；亚洲学生，特别是日本、韩国学生，含蓄、矜持，不善于表现自己；非洲留学生的民族自尊心和自卑感都很强；俄罗斯学生兼有西方人和东方人的双重性格。一般说来，来自东方的一些汉字文化圈国家如日韩等国的留学生，我们的教学理念与教学方法他们基本上可以适应，与其所在国相比，变化不甚明显。而来自欧美等西方国家，特别是北美地区的留学生，因语言和文化传统差异较大，我们国内采用的教学方法他们很难适应，必须做相应的改变，以适应他们。

事实上，打开《论语》，会发现孔子在其使用的各种教学方法中都特别重视教学方法的因材施教性。当然教学方法因材施教性的运用并不是轻而易举的，它必须建立在老师对学生深刻了解的基础上才有可能达成，而孔子正是这方面的楷模。无论从其“视其所以，观其所由，察其所安”的见解，还是从其了解弟子的具体方法，或是从宋代儒学大师程颐对其教学特征的概括——“孔子教人，各因其材”上看，都充分证实了这一点。对外汉语教师，也一定要对学生的情况进行充分的了解，找到适合他们的学习环境和学习方法，如孔子般对学生进行亲密接触和仔细观察，对不同的学生提出不同的要求，进行不同的教育。这样，来自世界各地的学生能够更有效地学习汉语知识，有利于汉语的传播和推广，让汉语更加普及，让中国文化传播得更加深远。

对外汉语教学中传播中国传统文化的策略

语言和文化是密不可分的。学习汉语的学习者通过学习中国传统文化，能够更好地理解和运用汉语。中国传统文化中的许多词汇、成语、习惯用语等，都蕴含着深厚的文化内涵，了解这些文化背景有助于学习者更准确地理解和运用汉语。通过传播中国传统文化，对外汉语教学能够培养学习者的文化素养。学习中国传统文化可以培养学习者的审美情趣、道德观念、人文关怀等，使其具备更全面的文化视野和个人修养。对外汉语教学中传播中国传统文化对于促进文化交流、语言学习、跨文化理解以及友好交往具有重要意义。通过传播中国传统文化，可以丰富学习者的文化体验，开阔他们的视野，促进跨文化的相互理解与尊重。

第一节　文化视域下的教学目标

对外汉语教师在传授汉语知识的同时，要注意传播中华传统文化。中国传统文化博大精深，对于一般的外国学生，如果不加选择地进行传播教育，不仅会给学生们造成较大的学习压力，还会引起学生们抵触心理。从这个角度分析，在传播传统文化上，要掌握一定的策略。在内容层面，要专注异同，遵循循序渐进的顺序。如果学生所在国家与我国历史背景方面的相似，在基于相同的文化基础上进行介绍讲解后，教师就可以把握恰当的时机，讲述一些我国特色的传统文化，激发学生们对中华特色传统文化的兴趣。一般来说，教师要按照先物质文化再抽象文化的顺序进行介绍。因为，物质类的文化，可感可知，具有实物形态，能够帮助学生们更好地接触和掌握，而抽象文化，大多是一些人文精神，需要学生们在掌握一定中华传统文化基础之上，才能理解。教师在选择讲述一些物质类文化时，还需要注意，要尽量回避一些比较敏感的政治、军事话题，这样有利于集中学生们注意力，能够让学生们在学习汉语基础知识的同时，去用心思考体会中华传统文化。物质类的文化，如饮食、武术、剪纸等，本身也承载着一定的精神类文化，教师要善于引导并进行合理的解释。让学生们在理解物质文化背后的人文故事后，可以向学生们讲解一些古代的儒家文化、道家文化、墨家文化等。通过这些深刻的文化内涵，让学生们感受到中华传统文化的博大精深。

一、以培养语言能力为基础

语言是社会的产物，它就像一面镜子折射着一个民族的文化。人类的文化活动必然产生、发展于一定的地域空间，必然与地理位置社会历史和现实密切相关，要想真正掌握好一种民族语言，就必须了解该民族语言的文化特点，区分民族文

化间的异同。范克[①]在《词源》一书中曾这样形象地描述："词汇常常隐藏着传奇故事，它往往把我们引入神话和历史，使我们了解伟大的人物和重要的事件。词汇像一个个小窗口，通过它可以熟悉一个民族的过去。"

文化与语言教学密切相关，因为语言是文化的重要载体之一。文化对语言的形式、用法和含义都产生着深远的影响，而语言则反过来传递和表达文化的价值观、信仰、习俗和社会规范。在语言教学中，将文化因素纳入教学过程是非常重要的，因为它有助于学习者更好地理解和运用目标语言。

第二语言习得理论文化适应假说认为："第二语言习得过程就是学习者逐步适应目语文化过程。"[②]文化适应假说将第二语言习得过程看成是文化适应过程中一部分，并且提出第二语言学习者对目的语文化适应程度决定了该学习者对目的语理解以及掌握程度。所以，在语言教学中，文化因素应与语言知识相结合，以提高学习者的语言交际能力和文化意识。教师可以通过教授与语言紧密相关的文化知识、引入文化话题、使用真实的文化材料和情境，以及促进学习者的跨文化交际实践等方式，将文化因素融入语言教学中。同时，文化教学应该是动态的、发展的，与语言教学的阶段和学习者的需求相适应，以使学习过程更加有趣和有效。

为了深化学生的文化理解和语言应用能力，还应积极构建以活动为载体的传统文化传播平台。通过实践活动寓教于乐，让学生感受传统文化的魅力，增强文化积淀。要求学生对有关的传统文化进行调查摸底，写出调查报告，分析现状，展望未来。这样的调查能激发学生对传统文化的兴趣，加深他们对传统文化的认识。开设传统文化大课堂，加强基本人文知识训练。中文教师可以根据自己的特长，利用学校的大课堂开设传统文学讲座，内容包括诗词曲赋鉴赏、儒家经典赏析，中国古文化、中华传统美德、中国民风民俗研究等，将语言学习与中国传统文化学习深度融合。

---

① 刘冬梅．英语教学中文化意识的培养 [J]. 中国科教创新导刊 .2010，5(21)：63-65.

② 倪嘉琳．文化视野下的对外汉语教学 [J] 时代文学（下半月）.2015，11(23)：21-23.

二、以“传播中国文化”为宗旨

对外汉语教师肩负着传承与弘扬中华文化的历史使命，在教育教学过程中，把中国文化作为核心内容之一，不仅是对学生文化素养的提升，更是对民族文化根脉的守护与延续。教师通过课程设置、教材编写、教学方法创新等多维度努力，使学生深入了解中国文化的博大精深，包括其历史渊源、哲学思想、文学艺术、科技成就、民俗风情等各个方面。

在具体实施上，教师应注重文化教育的趣味性与实践性。利用生动有趣的历史故事、精美的艺术作品、富有哲理的古籍经典等，激发学生对中国文化的兴趣与热爱。组织文化体验活动、参与文化交流项目等方式，让学生在实践中感受中国文化的独特魅力，增强文化认同感和自豪感。

随着信息技术的飞速发展，教师还应充分利用现代科技手段，如数字化教学资源、在线学习平台等，拓宽文化传播的渠道与方式。教师可以学校或机构为依托，制作精美的文化宣传片、开设网络文化课程、举办线上文化展览等，让中国文化的光芒照亮更广阔的世界舞台，让全球学子都能领略到中华文化的独特韵味与深厚底蕴。

文化视域下的教学目标以传播中国文化为宗旨，旨在通过全方位、多层次的教育教学活动，培养学生的文化自觉与文化自信，让中华文化在新时代的征程中焕发出更加绚丽的光彩。

第二节 文化视域下的教学实施

在对外汉语教学实施过程中，教师应根据学生的语言水平、学习需求和背景知识，合理选择和安排文化教学内容和活动。同时，注重培养学生的跨文化意识和敏感性，鼓励他们尊重和接纳不同文化，培养跨文化交际能力和文化适应能力。

一、体验教学：在过程中强调文化感悟

体验教学是一种注重学生亲身体验和感知的教学方法，结合文化感悟，可以帮助学生更深入地理解和感受目标文化。体验教学强调文化感悟的方法多样化。关键是通过学生的亲身体验和参与，促进他们对目标文化的感悟和理解，培养跨文化意识和敏感性，以及对文化多样性的尊重和欣赏。

中国文化博大精深，自古以来就对周边地区与国家产生了深远的影响。五千多年的文化底蕴早已融入我们的血脉之中，也深深地影响了我们的思维方式和行为准则。我们不仅要把中国文化传承下去，更要让中国文化走向世界。

首先，中国文化是人类历史上极其重要的文化遗产，它不仅对中国而且对世界都产生了深远的影响。例如中国的四大发明（造纸术、指南针、火药、印刷术）对世界文明的发展作出了重要贡献，中国的丝绸、瓷器、茶叶等物品也成为世界文化的代表。因此，向外传播中国文化不仅是对历史文化的传承，更是对人类文明的传承。

其次，中国文化具有独特的魅力和价值。例如中国的儒家思想、道家思想、佛教思想等，这些思想不仅是中国文化的代表，也是世界文化的代表之一。因此，弘扬中国文化的过程，本质上是对全球文化多样性的一种丰富与贡献，它超越了国界的限制，成为推动世界文化繁荣与发展的重要力量。

最后，中国文化具有广阔的市场和潜力。例如中国的电影、电视剧、音乐等

文化产业，已经成为世界文化产业的重要组成部分。因此，向外传播中国文化不仅是对中国文化的推广，更是对世界文化的推广。

我们应该努力推广中国文化，让世界了解中国文化，感受中国文化的魅力。在体验教学中，教师要引导学生通过观察、体验和反思，深入感悟和理解目标文化的背景、意义和影响。同时，鼓励学生表达自己的文化感悟和观点，促进跨文化交流和对话。通过这样的教学方法，学生能够全面地体验和感受目标文化，培养跨文化意识和敏感性，进一步提高汉语学习的效果和质量。

二、对话教学：在平等中减少文化冲突

“由于人类社会中存在着各种各样的文化模式，各文化之间又存在着各种各样的差异，而且这些差异不仅表现在人们创造文化的物质基础上，更重要的是表现在人们的习俗、观念、道德原则和规范以及活动方式方面。各文化间存在的差异使人们不能达到相互的理解，所以也就造成了文化冲突。”①

（一）充分了解赴任国情况

作为一名对外汉语教师，在知道要去的是哪一个国家之后要做的第一件事，便是通过各种途径了解赴任国情况。一是深入了解赴任国的历史、文化和传统，包括重要事件、文化价值观、社会习俗等。了解赴任国的历史背景可以帮助教师理解当地人的思维方式和观念，以及某些行为和决策的背景。二是了解赴任国的社会和政治制度对于理解当地社会结构、权力关系和决策过程至关重要。通过研究赴任国的政治制度、法律体系和社会组织，可以更好地适应当地的环境，并避免潜在的文化冲突。三是了解当地的价值观和行为准则。不同文化之间的价值观和行为准则会存在差异。了解赴任国的价值观和行为准则，包括礼仪、礼貌、社交习惯等，有助于在日常交往中避免冒犯他人，建立良好的人际关系。四是在赴任前，尽可能多地接触当地人，并向他们寻求意见和建议。这可以通过与当地人交流、参加社交活动、加入文化交流组织等方式实现。当地人的指导和建议可以

① 方世芬.对外汉语教师如何减少或避免文化冲突[J]黑龙江教育学院学报. 2016,09(15)：75–76.

帮助教师更好地了解当地文化，减少文化冲突的发生。

（二）尊重彼此的文化，尽量做到文化相交或融合

对外汉语教师，时时处处要记得尊重彼此的文化，这是非常重要的。因为文化本身没有贵贱及对错之分。要认识到文化的多样性是一种丰富和有价值的特征。接纳不同文化背景的人和观点，尊重他们的习俗、价值观和传统，是建立跨文化和谐的基础。积极主动地学习和了解其他文化，对其习俗、艺术、宗教、语言等方面进行研究。通过深入学习，可以更好地理解其他文化的背景和内涵。在与其他文化的人交往时，尊重他们的文化习俗和信仰是至关重要的。避免对其进行歧视、嘲笑或贬低，尊重和包容他们的习俗和信仰，展示出尊重和友善的态度。要学会观察和理解不同文化之间的差异，以避免冲突和误解。同时，发展跨文化沟通技巧也是十分重要的，包括倾听、表达理解、尊重他人观点等。这些技巧有助于在跨文化交流中建立良好的沟通和相互理解。总之，尊重彼此的文化并尝试实现文化相交或融合是建立跨文化和谐的重要方面。通过开放的心态、学习和了解他人的文化、跨文化交流和互动，以及促进文化相交或融合的活动，我们可以增进相互理解，促进文化的多样性和共存。

（三）注意仪表仪态及言行，处处为人师表

在跨文化环境中，个人的仪表仪态和言行举止对于促进相互理解和消除文化冲突起着至关重要的作用。避免使用冒犯性的语言或触碰他人的敏感话题。保持礼貌、友善和谦虚，展现尊重和关怀的态度。在与他人交流时，倾听对方的观点和意见，并表达出对其文化的理解和尊重。尊重他人的观点，避免过度强调自己的文化优越感，以建立相互尊重和包容的氛围。每个人都是独特的个体，不应被归类或定义为某个文化的代表。保持开放的心态，从个体而非群体的角度看待他人。在出现文化冲突或误解时，采取积极的解决方式。与他人进行开放和诚实的对话，互相解释和理解彼此的观点。寻求妥协和共识，以促进和谐的关系。

三、对比教学：在比较中弥合文化差异

对比教学是一种通过比较不同文化之间的异同来增进学生对文化差异的理解

和尊重的教学方法。在比较中弥合文化差异可以帮助学生认识到不同文化的价值和观念，并培养跨文化沟通和理解的能力。

文化学习不仅需要知识的累积。还需要深入理解其精神内涵，并将优秀文化进一步内化为个人的意识和品行。这是一个内化于心、外化于行的过程，涉及几个步骤的演进和融合：感知中外文化知识——分析与比较；认同优秀文化——赏析与汲取；加深文化理解——认知与内化；形成文明素养——行为与表征。

在对比教学中，教师可以引导学生进行思考和讨论，促进他们从多个角度去理解和评价不同文化，避免对其他文化的刻板印象和偏见。通过比较，学生能够认识到文化差异的存在和重要性，并培养跨文化交流和合作的能力，促进文化间的和谐与融合。

第三节　对外汉语教师能力提高与素质培养

教师是教学活动的主体，在教学中发挥着主导作用。教师的知识结构、教学能力等都制约着教师主导作用的充分发挥。对外汉语教师应该具备什么样的知识结构、教学能力，直接关系到对外汉语教学的质量和效果。一名优秀的对外汉语教师，不仅要有合理的知识结构，还要有较强的教学能力。

一、要有合理的知识结构

（一）通晓所教的专业知识

教师首先要对学科的基础知识有广泛而准确的理解，熟练掌握相关的技能、技巧。这是因为教师只有对知识和技能有了准确熟练的掌握，才有可能花更多的精力去设计教学，才能在课堂上关注学生和教学的进展情况，而不是把注意力集中到“自己不要把知识讲错”的担心上。要了解该学科目前的研究状况、最新研究成果，以及未来的发展趋势。具体来说，对外汉语教师要通晓下面一些专业知识。

1. 现代汉语知识

汉语教师要能理解、掌握并运用现代汉语的基本知识与基本技能，包括语音、词汇、语法和文字等方面的知识，以及听、说、读、写等技能，并能将汉语知识与技能相结合并运用于教学实践。

2. 语言学知识

汉语教师的语言学知识包括普通语言学、社会语言学、心理语言学以及应用语言学中以语言学习理论和习得理论为主的语言学的基本理论和知识以及语言教学法等。

3. 文化知识

教师要能了解和掌握中国的国情、历史、文学艺术、传统文化以及当代中国政治经济等方面的知识，并将相关知识应用于教学实践，引起学习者对中国文化的兴趣。文化主要包括节日、饮食、风俗习惯、历史人物、宗教信仰、琴棋书画、戏曲、绘画、建筑、园林、中药、服装、茶酒、教育、经济等。教师除了具备相关的文化知识外，还要了解中外文化的主要差异，了解跨文化交际的主要概念以及文化、跨文化对语言教与学的影响，并能将上述理论和知识应用于实践。

（二）具备扎实的教学理论知识

从事语言教学必须掌握一定的教育理论知识，因为掌握必要的教育教学规律，能快速地提高教学质量和效率。著名特级教师魏书生说："我的教学不过是雕虫小技，只要认真学习教育理论，把教与学的规律搞清楚了，人人都可以用上百种方法把学生教好。教书育人涉及一系列有关教育学、心理学、哲学等理论方面的问题，越思考越觉得自己所面临的未知领域极其广阔、新奇，这更激励我潜心于教学实践与理论学习中，探讨教书育人的真知。"魏书生的成功经验告诉我们，教师的成功教学要以教育学、教学论和心理学作为学科的教学理论基础。具体说来，教育学如教育的属性、目的、功能，教育的对象、环境等；教学论如教学内容、过程、方法、原则、教学的组织形式等；教育心理学如知识的保持和遗忘，知识的掌握和迁移，学生的个别差异，学习的动机、情感、焦虑、人格因素等；认知心理学如感觉、知觉、注意、记忆的结构、短时记忆、长时记忆、问题解决等；心理语言学，如语言和思维等。

二、要有较强的教学能力

教学能力是指教师运用教科书、其他有关教学材料或采用某种特定方式从事教学活动、实现教学目标的能力。教师的教学能力是教师进行教学的必备条件，一个教师应该具有哪些教学能力，目前学界众说不一。根据对外汉语教学的要求以及教师职业发展的趋向，我们认为对外汉语教师的教学能力主要有以下几个方面。

（一）加工和驾驭教学内容的能力

教师的教学并不是把书本内容简单地灌输给学生，而是要对教学内容进行必

要的加工和处理，以便更好地适应学生的水平。一般来说，学生的认知水平与所要掌握的内容之间有一定的距离，教师的作用就是缩短这个距离。为了帮助学生更好地掌握教学内容，教师常常要根据学生的学习实际对教学内容进行加工处理，以使教学内容更便于教师操作和运用，也有助于学生更好地学习。例如，教师对教学内容的取舍、教学重点难点的确定、教学活动的安排、教学任务的设计等都应胸有成竹。

（二）胜任多种教学工作的能力

对外汉语教师不仅要能够胜任教学工作，而且还要能够担任其他跟教学有关的工作，如课程设计、教材编写、出练习题、编制考试试题等。教师如果参与课程设计就会清楚课程之间的衔接与配合，主要课程和辅助课程、必修课程与选修课程之间的关系，上课时更能体现课型的特点；教师如果参与教材编写，就会分析所用教材的特点在哪，作者编写的意图是什么，要达到什么样的目的，了解这些对于教师处理和加工教材更有针对性，也更有利于学生掌握教材；教师只有亲自出练习题，才能进一步明确教学的重点、难点在哪，在练习中怎样训练学生掌握这些重点、难点；教师只有参加考试试题的编制，才能更有效地得到反馈信息，以进一步提高教学质量。

（三）协调人际关系的能力

成功的教学取决于多项因素。其中一个重要的因素是教师与学生之间的沟通质量。教师要懂得去与学生沟通，懂得去满足学生的需求，并引导学生懂得如何来满足教师的需求。师生之间要建立相互信任、尊重、接纳和理解的关系。教师要善于运用言语和非言语的手段来表达自己的看法，遇到具体情况能灵活应变，使师生关系朝着和谐、融洽、愉快的方向发展。

（四）对教学的控制能力

教师在教学过程中的控制能力是指教师在教学活动中始终占据主导地位，操纵教学活动按照预期的方向发展。教师对教学的控制能力包括三个方面的内容。

1. 对学生的引导

教师要善于了解和观察班级学生的思想动向和情绪变化，对班级的情况作出准确的判断和分析，并在此基础上确定行之有效的措施。对学生的控制，不是监督学生、管制学生，而是掌握情况，因势利导，使教学朝着有利于学生学习和发展的方向进行。

2. 对自己的控制

教师要在学生面前保持最佳的状态，就要有控制自身心境、情绪和情感的能力。对外汉语教师在面对学生多样化的学习需求和挑战时，要迅速调整教学策略，保持教学耐心，不因一时的困难或挫败感而失去对课堂的掌控力。另外，对外汉语教师还要深入理解并尊重不同文化背景下学生的情感表达，适时调节自己的沟通方式，以更加包容和开放的心态，引导学生积极参与，共同营造一个和谐、积极的学习氛围。

3. 对情境的控制

教学活动是在一定的情境中进行的。情境由物理空间和社会气氛为主构成。物理空间表现为一定的环境和场景，社会气氛表现为师生之间、生生之间心理状态的相互碰撞。教师要善于利用现有的物理环境创设情境，以期增强教学效果；教师更要具备组织、协调各种人际关系的能力，努力创造和谐的氛围，使班级气氛和谐民主。

（五）运用现代技术的能力

以多媒体和网络技术为特征的信息技术的发展，给对外汉语教学带来了新的教学手段和方法。掌握和利用这一现代化手段是对外汉语教师必备的教学能力。教师不仅要具有恰当地使用现代技术的操作能力，还要有配合教学活动的实际制作能力，如能熟练运用常见的办公软件完成教学资料的编写和制作，能利用 PPT 等制作教学课件等。

（六）研究能力

教师不但要教好书，还要能搞好科研。许多优秀教师都是一边教学、一边实

验、一边研究、一边著述，逐渐成为专家型教师的。教师要充分利用长期在教学第一线，对教材和学生深入了解，有着丰富的教学经验的优势，学会在教学中发现问题，尤其是发现那些一般教师视而不见的问题，并学会抓住问题的实质，学会灵活运用教育科学的一般原理，解决实际教学中的问题。

三、对外汉语教师的基本素养

（一）情感素养

情感，从生理学的角度来讲，是人体对外界刺激所产生的心理反应。行为科学认为，人的一切认知活动均是生理和心理相互作用的结果，缺少其一都是不完整的。任何活动都是在情感的影响下进行的。情感是维系和协调师生双边活动的纽带和桥梁，是教学活动的灵魂，直接影响着教学效果。对外汉语教学，由教学对象决定了教师的情感应更丰富、更细腻、更得体、更有分寸感。主要表现在以下几个方面。

1. 真　诚

教师对学生真诚的爱，既是教师良好心理素质的一种表现，也是一种重要的教育力量。有关研究表明，学生对教师情感方面的要求远远超过了对教师知识水平的要求。调查结果显示，学生最喜欢的教师所具备的特点前三项依次为：和蔼可亲、平易近人占 60.0%；热爱、了解学生占 31.5%；活泼、开朗、善谈、热情占 31.6%。[①] 可见，教师对学生的爱是一种十分重要的教育力量，是其他教育因素所不能代替的。教师对待学生要真诚，要开诚布公，不虚伪行事，不屈附于人。

2. 移　情

移情是指教师把自己主观的情感移入或灌输到知觉或想象的对象（学生）中去，而且意识到二者的完全合一。移情的意义在于能站在别人的立场上，设身处地为别人着想，用别人的眼睛来看这个世界，用别人的心来理解这个世界。能够意识到“我也会有这样的时候”，“我遇到这样的事情会怎么样”。教学中，教师

① 张玲艳．汉语国际教育硕士生实习教师职业素养研究[D]：福建师范大学硕士论文，2019:46.

要充分利用这种移情作用。一是教师对教材的移情。教师要对教材的内容深刻领会，结合自己的智能储备准确地理清教材的思路并对其进行判断，挖掘教材的思想含义和艺术特色，达到身临其境的感觉，这样在讲解课文时才能运用自如。二是教师对学生的移情。教师将自己置于学生的位置，准确观察、体验学生的情感，了解学生的认知策略和认识水平，设置相应的情境，进行有针对性的教学。三是教师对所教课程的移情。教师长时间教某门课程，往往会对这门课程产生浓厚的兴趣和特殊的感情。结果，凡是遇到和自己所教学科有关的东西都能引发联想和对比，使之不断地加强对这门学科的认识和理解，课越上越得心应手，同时也会让学生越来越喜欢这门课程。

3. 非权势

教师在与学生交往中不要居高临下、盛气凌人，要有民主平等的思想，尊重课堂内每一个人。要建立一种和谐、融洽的师生关系。

4. 最大限度的宽容

宽容也是一种心理品质，是对待他人的利益、信念、信仰、行为习惯的一种友善态度。教师在教学过程中有时不可避免地与学生产生一些小摩擦，教师要学会最大限度地宽容，不断锤炼自己的性格，让爱永驻心间。

（二）心理素养

教师良好的心理素养对学生的感染、教育、影响是十分深刻的。教学活动实质上是一个师生交往的过程，需要教师具有良好的心理素养。在教学过程中，教学的压力、学生的表现不尽如人意等，会使教师产生一些消极情绪，稍不注意就可能会影响教师的健康，更会折射到学生身上，造成负面影响。因此，教师要不断提高自己应对心理压力的能力，要善于调节情绪，克服焦虑。

（三）人格素养

人格，即个性，是指一个人的各项比较重要和相当持久的心理特征的总和，是个人在生理基础上，受到家庭、学校教育和社会环境等影响而逐步形成的气质、能力、兴趣和性格等心理特征的总和。教师的言行举动、人品格调、学识风范，

无不成为学生的表率和楷模。教师为人师表，要有良好的人格素养。教师要热爱学生，有高尚的道德品质、渊博的专业知识、广泛的文化兴趣和高超的教育能力，从而真正赢得学生的爱戴，成为有威信、有人格魅力的好老师。

（四）文化素养

对外汉语教师应具备深厚的文化素养，包括扎实的汉语语言知识基础，广泛涉猎文学、历史、哲学等多领域，以深化教学内容的文化底蕴。教师还需具备跨文化交际能力，尊重并理解不同文化背景，促进中外学生的有效交流。尤为重要的是，教师应秉持文化传播意识，积极向国际社会展示中华文化的独特魅力，如传统节日、风俗习惯等，增进世界对中国的了解与尊重。这些素养的综合运用，将使对外汉语教学更加丰富多彩，成为连接不同文化的桥梁。

四、对外汉语教师的角色意识

角色，可以理解为一个人在社会群体中的身份以及与其身份相适应的行为规范。在学校里，教师是专门从事教育教学活动的人，这个角色要求教师不仅要教书，而且要育人。

（一）“知识传授者”角色

教师的最基本角色是知识的传授者，但是在新的教学理念影响下，教师作为知识传授者的角色已经发生了根本的变化。教师不再仅仅是语言的灌输者，他们运用丰富多样的教学方法，如跨文化交流活动、情境模拟对话等，激发学生对中国文化的浓厚兴趣，培养他们主动探索与批判性思考的能力。同时，对外汉语教师还注重文化知识的整合与创新，引导学生将所学的语言知识与中国文化相结合，在实际交流中运用，解决跨文化交际中的真实问题，实现文化的内化与传承。教师与学生形成了更加平等互动的伙伴关系，共同营造了一个充满活力与创造力的学习共同体。

（二）“领导者”角色

教师的身份和作用会使学生自然地听从于教师的命令和指挥，教师的“领导者”角色会在学生中自然形成。

教师要有领导的品质：公正；以积极的态度工作；有学识；果断；善于听人讲话；以身作则；尊重学生；善于沟通；不记仇；对自身工作热心、投入。

教师要有领导技巧：放手让学生做事，不包办代替；鼓励学生自己开展活动；选一个起核心作用的班长；形成一种友爱、团结、自律的班风。

（三）"心理医生"角色

教师要提供一种能相互谅解和宽容的气氛，帮助学生减轻焦虑或紧张，帮助学生获得心理的满足，给学生以情感和心理方面的支持，这时需要教师扮演"心理医生"的角色。例如，教师在使用考试的频率和进行结果处理时，要尽量减轻学生的心理压力。教师不要给学生制造压力，而应把学生从惧怕、胆怯、缺乏自信心以及自卑中解放出来。

（四）"朋友"角色

在学生面前，教师还要扮演一个热情、平等、耐心、细腻的"朋友"角色，这是师生间带有感情色彩的一种交往形式，表现为教师对学生的喜爱、友好、宽容与理解。教师作为朋友，不是完整意义上的私人朋友，而是一种制度化的支配和从属关系，是以公务情感为基础的朋友。因此，教师不能过于热情地扮演朋友的角色，更不能为了取得学生的支持而无原则地迁就学生，如对学生的过失采取容忍和不批评的态度等。教师作为学生的朋友时，不能忘了自己教师的身份。

（五）"文化传播者"角色

在教学过程中，对外汉语教师通过生动有趣的课堂讲解、丰富多样的文化活动，将中国悠久的历史、灿烂的文化、独特的习俗以及现代社会的风貌展现给外国学生。他们引导学生理解汉字背后的文化意义，感受中华文化的博大精深，从而增进外国学生对中国的了解和喜爱。通过这一角色，对外汉语教师为促进中外文化交流、增进友谊与合作做出了积极贡献。

（六）学生学习热情的培养者

学习一种新的语言，不是所有学生都能很快适应一种新的语言体系和学习方法，有的学生学了一段时间以后，可能学习热情会减退，甚至放弃学习。教师

要及时把握学生的学习心理，帮助学生树立学习外语（汉语）的信心。首先，教师要从自身的讲解中让学生体会到汉语并不难学；其次，要对不同的学生给予不同的适当期待，让他们感受成功、感受快乐；再次，要为学生营造一个宽松、愉悦的学习环境；最后，要帮助学生认识到学好汉语的意义。

（七）教师的“榜样”作用

我们常说，身教胜于言教。教师是教育人的人，要成为学生的榜样。教师应该意识到自己的这种作用,要使自己的一言一行成为学生的表率。子曰 :“其身正，不令而行 ; 其身不正，虽令不从。”作为学生的榜样，教师要成为一个自尊自爱、宽厚坚韧、乐观向上的人。

每位教师都希望自己受学生欢迎,这就要求教师正确分析和评价自己的角色。不断地调整自己的角色行为，以适应教学的发展需要。教师要积极学习，善于总结经验，熟练运用各种技能，调动各种情感，积极扮演一个成功的教师角色。

第四节　文化视域下的对外汉语传播案例

一、中医文化融入对外汉语教学的探索

在全球“汉语热”的背景下，越来越多的外国人开始学习汉语，了解中国的文化。中国传统文化是中国精神文明与思想内涵的重要体现，在汉语传播中起着重要的作用，中医文化是其重要组成部分。习近平主席在澳大利亚皇家墨尔本理工大学中医孔子学院授牌仪式上讲道：“中医药学凝聚着深邃的哲学智慧和中华民族几千年的健康养生理念及其实践经验，是中国古代科学的瑰宝，也是打开中华文明宝库的钥匙。”[①] 近年来，中医药学在世界医疗上的卓越贡献使得世界对中医学也越来越重视。中医文化作为中华文化的瑰宝，根植于中华土壤，了解中医文化可以更好地了解中国优秀传统文化的内涵和中国人的思维方式。中国文化的传播也是国家文化强国战略的必然要求，这就要求广大的对外汉语教学工作者也应担当起文化传播的重任。

在高级阶段的汉语教学中，留学生对于文化的理解和接受程度随着汉语本体知识的积累逐渐提高。因此，教师在这一阶段教学中应更多地融入文化因素，在教学过程中促进文化的传播。在汉语教学高级阶段的教材中，许多课文与中国传统文化紧密结合，例如：《现代汉语高级教程》（下册）中的第三课《悬壶日志（节选）》，就是以中医文化为背景的课文。本节以《悬壶日志（节选）》为例，分析中医文化在教学中的体现。

（一）中医文化词汇在课文中的体现

在《悬壶日志（节选）》的教学中，中医文化词汇是教学的难点之一。本节

① 习近平出席墨尔本理工大学中医孔子学院授牌仪式.http://news.cnr.cn/special/xjp3/Affairs/20130829/t20130829_513448757.shtml.

选取了三个具有代表性的词语，进行分析。这些词语虽然属于中医术语，但也与我们的日常生活也密切相关。讲解时，结合生活实际，学生更容易理解和接受。

1. 关于“气”

“气”是中国哲学、道教和中医学中常见的概念，是构成中医理论的基础。春秋战国时期的思想家[①]认为，“气”是天地一切事物组成的基本元素，它有着像气体般的流动特性。“气”也是构成人体的最基本物质，维系着人体的运行。人体的气也是在一直不断运动和变化的，其运动形式主要有升、降、出、入四种。中医学认为气是人体的第一道防护线，居于体内保护着脏腑，气量充足，气行通畅，人体就健康；如果“气”出了问题，人就会生病。因此，常常“生气”或“受气”的人容易生病。

课文中“病人躺在床上，脸色蜡黄，气息奄奄”[②]一句里的“气息”是指呼吸时出入的气，“奄奄”指气息微弱的样子。“气息奄奄”形容人病得很严重，濒临死亡。由此可见“气”对人的生命健康的重要性。另外，课文中，“我”为一位部长诊脉开方，主张用西洋参温补，“温补以固正，使其邪气下降，可能会神清气爽”。这里的“温补以固正”，“正”后省略了“气”字，实为“温补以固正（气）”。“正气”与后面提到的“邪气”也是中医术语中常见的词汇。“正气”是指人体正常生理活动及抵御邪气、维持健康的力量，“邪气”则是一切致病因素的统称，或者说引起疾病的环境因素。文中的“我”打算用西洋参这味中药让病人体内的“正气”巩固，也就是平时说的“增强抵抗力”，驱逐病邪。“我”认为这样做的效果可以让病人“神清气爽”。身体健康了，正气巩固了，邪气驱逐了，气就顺了，爽快了。成语“神清气爽”中的“气”也正有此意。

在汉语词汇和常用语中，还有许多都带有“气”字，例如，气色、脾气、生气、怒气、天气、气流、空气、寒气、神气十足、有气无力、忍气吞声、气喘吁吁、阴阳怪气、上气不接下气等。教师可引导学生回顾，并结合“气”的本义做

---

① 王庆其. 中医健康养生的理念及哲学智慧 [J] 中医药文化，2015，04（15）：62-64.

② 马树德. 现代汉语高级教程：下 [M]. 北京：北京语言大学出版社，2013:23.

出简单的解释，引导学生体会“气”的意义。

2. 关于“上下”和“升降”

课文中提到“邪气下降”，还提到“上病取其下，下病取其上。呕血宜降，便血呢，则宜升之。现在这位上下都见了血，升降都遇上了克星”。其中的“上下”“升降”也是中医常用的术语。与日常生活中的词汇“上下”和“升降”不同，这里的“上下”是指中医里的上焦和下焦。中医里把脏器分为三焦：上焦、中焦和下焦。上焦包括心肺，中焦包括肝胆脾胃等，下焦包括肾脏膀胱以及生殖系统等。中医认为人体是一个有机整体，五脏六腑之间紧密联系，治病时不仅仅要“头痛医头，脚痛医脚”，应从整体把握病情，“上病下治”与“下病上治”则是这种诊治方法的体现。《黄帝内经素问·五常政大论》里曾首先讲道：“病在上，治之下；病在下，治之上……”说明对于疾病的处理，除了通常的医治方以外，还有一些特殊的病情须要作特别的处理。文中所提到的“上病取其下，下病取其上”就属于这种情况。而“升降”则是针对“上下”在治疗上所要求的药物：病在上宜用升浮的药物；病在下宜用沉降的药物。①

在这里，学生理解起来比较有难度，教师可用日常生活中的事例解释。例如，泡脚就是运用的“上病下治”的道理。脚上有许多穴位与五脏六腑息息相关，泡脚还可以促进全身的血液循环，有助于养生保健。也有通过泡脚“引火下行”之说。脚受凉，也容易生病。有些留学生来自热带国家，一年四季喜欢穿拖鞋，来到中国后，冬天仍习惯赤脚或穿拖鞋，极易受凉生病。因此，入乡随俗，来到中国，要接受这些变化，学习当地的养生方式，才能更有利于身体健康。另外，像咳嗽、牙疼、流鼻血，在中医说法中皆是上火的表现，所以常常用偏寒凉的药物“降火”。这里的“上”与“降”，贴近学生的实际生活，由中医词汇演化成日常生活用语，便于学生更好地理解中医术语，也能让学生了解到中医文化已渗透到中国人生活的方方面面。了解中医文化，有助于更好地了解中国。

① 升降沉浮 .http://blog.sina.com.cn/s/blog_85fa79430102v6eb.html.

3. 关于“克”

课文中提到“现在这位上下都见了血，升降都遇上了克星”“大凡病得险恶与否，要看病症之中互相克不克，胃不好肝也不好，病则难治”。这两句中提到了“克”和“克星”。“克”也是中医术语中一个非常重要的字，也常说“相克”，意思是互相克制，互相制约。提到“克”，则须先引入另一个知识点——“五行”。

五行最早来源于古人对宇宙万事万物的归纳，是指构成天地万物的五种基本物质——金、木、水、火、土。五行之间的关系，最基本的是相生与相克。例如：生气或发怒时，往往会食欲不振，甚至会出现胃部消化不良的症状，这是因为生气或发怒是肝木过度旺盛的表现，肝木过旺则对脾土克制过度，导致脾的运化饮食功能下降，从而出现上述症状。五行相克学说说明了疾病发展、转变的规律，预测了疾病以后的发展和结果，也可以提醒人们提前关注身体的弱点，养生保健，避免或减少致病的可能。

日常生活中，常用的相关词汇有“克星”，其原意也来自“五行相克”学说，现在用来比喻能对某种对象起制服作用的人或事物，比如，猫是老鼠的克星；水是火的克星；鸟是鱼的克星等。

（二）中医指导思想在课文中的体现

中医文化博大精深，与中国古代的哲学观有着密不可分的联系。尤其是“整体观”与“辩证思想”在中医学中成为主要的指导思想，在人们的现实生活中也无处不在。在课文《悬壶日志》中多处体现了这两种观念。了解这两种观念，不仅有助于理解课文，了解中医文化，也有助于留学生更深刻地理解中国人的思维方式。

1. 整体观念

整体的意思是统一性和完整性。整体观念来源于中国古代哲学思想，是中国古代传统文化中的核心和精髓。整体观念应用在中医理论中的体现之一是“五脏一体”。中医学认为，人体是一个有机的整体，构成人体的各个组成部分在结构上密不可分，在功能上相互影响，相互补充。课文中提到“胃不好肝也不好”

就体现了脏器中胃和肝的关系。五行中，胃属土，肝属木，如果不能维持平衡，就会出现木克土。因此胃有了问题，也应当关注肝脏的健康状况。在教学中，教师可用日常生活中的现象举例。如，经常咳嗽可能与肺气不足有关，平时应注意滋阴养肺，多吃一些银耳莲子羹等养肺的食物；经常口腔溃疡可能与心火上炎有关，可以适当喝一些莲子心茶或金银花茶降心火；眼睛经常不舒服，可能与熬夜导致的肝火旺盛有关，因此平时应注意早睡早起，养肝护目。这些都反映了中医是把人体看成是一个整体，任何一个部位的问题都不是单独存在的。

整体观念在中医理论中的另一个体现是“天人合一”。“天人合一”，又叫天人相应，强调的是天与人、人与人、人与社会的自然和谐关系，倡导把人看作宇宙自然的一部分。大自然的变化影响着人体的健康，中医养生与治病也需要顺应自然规律。例如，在养生方面强调“春夏养阳，秋冬养阴”“春捂秋冻”等。“天人合一”的思想在课文中没有具体的体现，但作为整体观念的重要组成部分，在教学中可作为文化扩展，结合生活实例向学生讲述。因为“天人合一”不仅作为中医理论的重要思想，也影响着人们日常生活的方方面面。例如，人类的发展进步应当顺应自然规律，与自然和谐发展，若违背自然规律，破坏环境，最终也会受到自然的惩罚。“天人合一”就是人与大自然要合一，要和平共处。整体观念还深刻地影响着中国人的思维方式,形成中国人独有的“整体思维”。通过学习“整体观念”这个知识点，外国学生在了解中国的传统文化过程中，也可以更加了解中国人的思维方式与行事方式，有效地缓冲因文化碰撞而产生的文化排斥现象，增强对中国文化的认同感。

2. 辨证论治

中医辨证论治是中医学中的核心思维方法和过程，用于诊断和治疗疾病。中医辨证论治的过程包括望诊、闻诊、问诊和切诊四个方面，通过观察患者的外部表现、听取患者的声音和气味、询问患者的病史和症状，以及通过对患者的脉象进行切诊，收集患者的临床资料。基于辨证的结果，中医医生会拟定相应的治疗方法，并将其付诸实施，这就是论治或施治。辨证是决定治疗的前提和依据，而

论治则是具体的治疗手段和方法。辨证论治是中医学的基本特点之一，强调综合分析和个体化治疗。通过辨证论治，中医医生能够针对个体患者的病情特点制定个性化的治疗方案，以促进身体的自愈能力和恢复健康。[①]辨证论治主要包括同病异治和异病同治。同一种病，发病的诱因不同，所表示的证不同，因而治疗方法也不同，这就是同病异治。例如，在课文中“一九八一年一月三日”的日志中关于中、西医差别的对话中提到“同是感冒，肺热的，肝热的，有什么湿热的，燥热的，得为每个人开不同的方子。就这一个人，今天的方子过几天也得换。累。我们呢，放之四海而皆准：感冒清”。这一段话体现了中西医的主要区别。中医强调诊疗的个性化，也就是因人、因时、因地制宜，根据每个人的特点进行诊断，同是感冒，治疗方案也会不同，这就是“辨证论治”。而西医看病主要依靠诊断仪器、实验室检测和化学药物等，在认识、诊断及治疗疾病的方式方法上与中医有着很大的区别。在课文中，先生为那位“嘴里吐血，大小便亦带血”的病人提出的“补中”方案，以及“一九八八年七月四日”日志中的先生的失手案例都体现了中医辨证论治的特点。

综上所述，仅从几个常见的中医文化词汇和中医的主要指导思想两个方面，探索了中医文化在具体教学过程中的体现，并给出了教学建议。希望通过文化的导入，使汉语学习者能够更深刻地了解中医文化，理解中国人的思维方式，将中医文化的优秀精神和理念发扬光大，在跨文化交流中充当中国文化传播的使者。

二、影视媒体中传统文化的传播和影响——以《舌尖上的中国》为例

影视媒体具有快速传播、广泛覆盖、层级扁平化和互动性强等特点，能有效地消除不同背景和边界之间的隔阂，为传统文化的传播和传承提供了有力的工具和媒介。媒体大发展的时代背景下，纪录片作为一种传播方式，能够更好地展现和传播中国传统文化。通过纪录片的形式，可以充分利用影视媒体的优势，生动地展示中国传统文化的内涵和特色。例如，《舌尖上的中国》纪录片通过展示中国的饮食文化，向观众展现了丰富多样的中国菜肴和饮食习惯，同时也传递了深

① 崔永华，傅延龄．中医汉语综合教程[M]．北京：北京语言大学出版社，2013：63.

厚的文化内涵。

（一）《舌尖上的中国》概述

《舌尖上的中国》是一部在国内首次使用高清设备拍摄的七集饮食类纪录片。它以饮食为切入点，通过展示食物背后的文化内涵，呈现了中国的礼仪、伦理、服饰等源远流长的文化。这部纪录片历时13个月完成，并于2012年5月在中央电视台综合频道的《魅力纪录》栏目播出后迅速走红，引起了全国乃至海外的广泛关注，成为人们热议的话题。它被认为是中国纪录片发展的新标杆之一。

（二）《舌尖上的中国》纪录片传播的文化内容

传播内容是整个文化传播的中心内容，主要指的是传播者通过传播媒介给受众的信息，这是整个传播活动中最重要的部分。在文化传播中，传播内容可以分为物质文化和精神文化两个层面。物质文化传播主要指的是具体的物质产品、艺术品、建筑等物质形态的文化内容。例如，传统手工艺品、文物展览、建筑风格等都属于物质文化传播的范畴。这些传播内容可以通过展示、演示、展览等方式让受众亲身体验和感知，从而传递特定的文化信息。而精神文化传播则更加隐蔽，它涉及思想、价值观、信仰、艺术等非物质的文化内涵。这种传播内容更加深层次，需要受众进行思考、领悟和理解。例如，文学作品、音乐、绘画、电影等艺术形式都可以传递精神文化的内容，通过情感、思想和审美的共鸣影响受众的价值观和思维方式。

纪录片《舌尖上的中国》所传达的文化内容和精神内涵主要集中在中国饮食文化方面。它通过展示不同地域和民族的美食，揭示背后的文化渊源、习俗和传统价值观，向观众传递了关于食物、人情、生活方式和民族精神的信息。观众通过观看这部纪录片，可以加深对中国饮食文化的了解，体验其中的情感和美学，进一步感知和领悟中国传统文化的精神内涵。

1. 饮食文化

在世界三大饮食文化体系中，东方饮食文化体系的历史最为悠久，可以追溯到8000多年前的史前时期。作为东方饮食文化的中心，中国文化在其中扮演着重要的角色。中国饮食文化以其独特的特点和丰富的内涵，深深影响了整个东方饮食文化的发展和演变。

中国饮食文化的形成和发展与中国悠久的历史、多民族的交流和地理环境密切相关。数千年来，中国人民在不同的地域和民族交往中，逐渐形成了丰富多样的饮食习惯、烹饪技艺和饮食文化传统。从精心烹饪的宫廷菜肴到精致的地方菜系，从传统的家庭饭菜到各地特色小吃，中国饮食文化展示了无与伦比的烹饪技艺和独特的味觉体验。《汉书》曰，“王者以民为天，民以食为天”。《礼记》说，“饮食男女，人之大欲存焉”，饮食文化在人类社会的发展和延续中具有十分重要的意义。《舌尖上的中国》作为饮食类电视纪录片，在传播中国饮食文化传播方面做得很成功。而其中的饮食文化贯穿于该纪录片始末。本节将从狭义的角度，分别从区域饮食、节日饮食、好客饮食和馈赠饮食四个方面分析片中体现的饮食文化。（1）区域饮食。我国幅员辽阔，按照不同的区域气候以及特点菜系也就划分为了八大种菜系，分别是鲁菜、川菜、粤菜、苏菜、闽菜、浙菜、湘菜、徽菜。而尤其以南北方吃法的不同为主。在第二集《主食的故事》中，我们就看到了北方的五谷杂粮，也闻到了南方的稻米之香。陕西的黄馍馍、岐山臊子面、肉夹馍、牛羊肉泡馍，新疆的馕，兰州的拉面，是《舌尖上的中国》着重描述的北方的主食，也是特色面食的代表。（2）节日饮食。中国自古以来是一个以农业为本的国家，食物对于中国人来说意义非凡。在长期食物生产和食物生活的过程中，形成了节日特有的饮食文化。一个个节日中特有的饮食文化也传承了中国优秀传统文化。《舌尖上的中国》介绍了汉族春节的饺子、端午节的粽子、重阳节在广东顺德举行的村宴，还有三个独具特色的少数民族节日：新疆车库市古尔邦节吃馕、贵州从江县新米节的糯米饭和西藏白朗县望果节的青稞酒。（3）好客饮食。好客是我国各族人民普遍具有的一种美德。中国人表达情谊的一种热情洋溢的方式就是请客吃饭。在《舌尖上的中国》纪录片中，住在北京胡同的张贵春，是国人好客的典型代表。“独乐乐不如众乐乐”，立秋那天，贵春摘下阳台上自己种的大角瓜，把街坊邻居都请来，吃一顿瓜馅饺子。大家汇聚一堂，一同包，一同吃，增进沟通、加深友谊。一顿饱餐之后，贵春还即兴唱了段《京东大鼓》，一席人围坐在一起，共享闲情逸致之乐。（4）馈赠饮食。俗话说，“千里送鹅毛，礼轻情意重”。在我国，每逢会友宴客、华诞祝寿、节日喜庆等场合，人们常常赠送食品表达心意。《舌尖上的中国》中，在贵州地扪，每逢有妇女生产，同族的女眷们就会挑篮提篓前来庆贺，她们还在新米上放上鸡蛋，表达对新生命诞生最真挚和最诚心的祝福。《舌尖上的中国》从平民的角度切入，一道道精美的菜肴，一个个人与自然的背后，是中国博大精深的饮食文化。

2.“家”文化

中国人最为熟悉和亲切的一个概念就是“家”，这与西方以个体为单位出发的文化有所不同。中国文化以“家”为单位出发，体现了家庭观念和乡土情结的重要性。中国人讲究落叶归根，强调情感和乡土的纽带。“宁恋本乡一捻土，莫爱他乡万两金”“父母在，不远游”等谚语体现了中国人对家庭和乡土的重视，这是中华民族共同的情结。

在纪录片《舌尖上的中国》中，每一个美食故事都与“家”有着紧密的联系。我们不仅看到美食的制作过程，更能感受到每道美食背后制作者对家的感悟和对亲情的呵护。这些故事唤起了我们对身边事物的关注和对情感的认识。例如，饺子寓意着岁岁交子，成为中国人春节的必备食物。无论一年中的经历如何，除夕之夜全家团聚共享饺子成为年终盛宴，这体现了中国传统家庭观念的延续。饺子成为代代相传的记忆，是中国人对食物的情感纽带。

3.民族精神文化

（1）中国人乐观向上、勤劳勇敢的精神流露

中国人一直以来都秉持着乐观向上、勤劳勇敢的传统美德。人们依靠自己的智慧从土地中获取食物，通过辛勤劳动追求幸福的生活。中国人自信而乐观，在面对困难时，以乐观的态度克服困难，用积极的心态面对挑战。《舌尖上的中国》的拍摄从小人物的故事开始，讲述了普通中国人民的故事。正是这些最普通的人物故事展现了中国人乐观向上、勤劳勇敢的精神。

（2）以人为本，顺应自然，和谐统一的文化理念

《舌尖上的中国》改变了传统的饮食纪录片拍摄模式，不仅仅聚焦于传统美食本身，而是从食材背后的故事出发，通过小人物的故事讲述真实的生活。这部纪录片给观众呈现了普通人的故事和真实人物的喜怒哀乐。同时，它也阐述了中国人顺应自然、和谐统一的文化理念。例如，卓玛在采摘松茸后会用地上的松针将菌坑掩盖，以保护菌丝不被破坏。山林中的人们在接受自然恩赐的同时，也遵循着自然的规律。

《舌尖上的中国》通过故事展现中国人民的智慧和文化观念，强调人与自然的和谐相处，以及以人为本的价值观。这样的纪录片不仅仅展示了美食的制作过程，更深入探讨了食物背后的文化、情感和价值。

（三）《舌尖上的中国》文化传播效果及影响

1. 引发中国人对中华饮食文化的认同

《舌尖上的中国2》再一次从“吃”入手,展现了独具特色的中国本土饮食文化，它勾起的不只是公众面对电视荧屏时的垂涎三尺，还有一种身为中华儿女对中华美食、中国传统文化的自豪感。让世界各国的观众都认识了中国美食，认识了中国的饮食文化，认识到了中国这个具有几千年历史文明的国度所拥有的丰厚的文化遗产。由此，对其产生亲近感，形成一种对中华文化的认同。

2. 呼唤价值回归与人的质朴情感

纪录片中对于美食及其背后的文化内涵的精致讲解让人印象尤为深刻。它借助美食的制作过程，从无到有，从生长到成熟，完美地将美食融入中国的传统文化。另外，每一集都会有一个动听的名字，通过不同的视角让观众思考美食背后的意蕴，使人们从片中看到了包容、质朴、安然的中国原味，让更多人推掉应酬，多陪父母在家做一顿家常菜，常回家看看，引发一种最原始的家庭观念，是一种价值回归和情感呼唤。

3. 中国文化海外影响力扩大

根据调查显示,《舌尖上的中国》海外受众对中国饮食文化很好奇，但是又不了解，甚至存在着很大的误解。中国文化走出去迫在眉睫，《舌尖上的中国》同时是中国文化走出去很好的一个例子和典范。很多海外观众以《舌尖上的中国》为教材，介绍中国的文化，了解中国的习俗。海外华人 Ross 把这部纪录片介绍给她很多的外国朋友，并感叹道“中国的文化传播，就靠它了”。美国 Passmore Lab 公司将花巨资把《舌尖上的中国》改编成为 3D 纪录片，并向发达国家主流电视播出机构及电影院线同步推广和发行。其总裁称，尽管 3D 改编耗资巨大，但他仍对盈利前景充满信心，“这是我们公司第一次购买中国纪录片，它让我看到了独特的中国文化，我愿意与世界上更多的人来分享”。

《舌尖上的中国》最大的成功主要归功于它对中华饮食文化的深入挖掘，通过纪录片形式将中国特有的美食文化以及其背后所体现的其他方面的文化进行创新表达，它的文化影响力也是不容小觑。看似不经意地流露，却成为整个纪录片吸引人的文化基调，纪录片传播的不仅仅是美食，更是包括了中国的服饰文化，不同区域的风俗礼节文化以及中国人的社会主义核心价值观。毋庸置疑，《舌尖上的中国》是一部很成功的通过影视媒体传播方式来展现中华文化的纪录片。分析《舌尖上的中国》文化传播内容和影响，能够为我国其他纪录片文化传播提供有益的借鉴意义。

第八章 对外汉语教学中中国传统文化传播的有效形式和长效机制

随着我国在国际舞台上的影响力不断增强，对外汉语教学的重要性也日益凸显。在融入中华传统文化的教学过程中，采用有效的传播策略至关重要。教师可以设计生动有趣的教学活动，例如文化体验、展览参观、传统手工艺制作等，让学习者亲身参与其中，深度感受中华文化的独特魅力。同时，结合多媒体技术和互联网资源，提供丰富多样的学习材料和互动平台，使学习者在学习汉语的同时，更好地了解和体验中华传统文化的价值和魅力。

第一节 对外汉语教学中中华优秀传统文化传播的有效形式

文化是一个广泛的概念，不同国家和文化背景可能有不同的定义和诠释。《现代汉语词典》对文化的定义，文化是“人类在社会历史发展过程中所创造的物质财富和精神财富的总和，特指精神财富，如文学、艺术、教育、科学等”。[①] 约瑟夫·奈提出的“软实力”概念强调了文化在影响力中的重要性，它包括思想、文化、精神、情感、制度、话语权、国家形象等方面的“柔软”力量。[②] 文化作为一个国家的软实力，在增强国际话语权和塑造正面国际形象方面具有重要作用。习近平主席在党的十八大以后提出，提高国家文化软实力是实现中国梦的重要目标。[③] 对外汉语教师作为中国文化的代表，承担着传播中国文化的重要责任，应该有意识地将优秀的中国文化元素融入对外汉语教学中，采用适当的文化语言教学模式，帮助学生真正理解汉语，提高他们的汉语表达能力和跨文化交际能力。教师还应当恰当地讲述中国故事，引导学生正确理解中国文化，培养他们对中国的情感和认同，让他们成为中国文化的体验者和传播者，让世界更客观地了解中国。

一、对外汉语教学中中华优秀传统文化传播的第一课堂

在对外汉语教学领域，所谓“第一课堂”是指正规的课堂教学环境，这里强调的是教师与学生在正式课程中进行的系统化学习和教育活动。在这个环境中，

① 中国社会科学院语言研究所词典编辑室.现代汉语词典 第7版 [M].北京：商务印书馆，2016：1371-1372.

② 何宇虹，国际中文教育在中华民族现代文明传播中的独特使命、功能与路径[J]昆明学院学报，2024，2（28）：36-37.

③ 周亭，邓天奇，唐紫宸.新时代中国式现代化的国际传播：传播价值及实践路径[J]江苏科技大学学报（社会科学版），2023，3(15):71-74.

中华优秀传统文化的传播并非单纯地停留在语言文字的教授上，而是更深层次地将文化元素与教学内容相融合，进行创新性的教学设计和实践，以实现文化传播的最大效果。

课堂教学是中文学习者获取中文知识和中国文化的主要途径之一，也是传播中华民族现代文明的重要途径。几代学者的不懈努力使得中文教学网络逐渐覆盖全球。作为国际中文教育的最初职责，教外国人学汉语在全球范围内得到广泛开展。目前，全球有 160 多个国家和地区开展中文教学，85 个国家将中文纳入国民教育体系。此外，还有各类学校和培训机构开设中文课程超过 8 万所，正在学习中文的人数超过 3000 万人。

这些数据反映了中文教育的广泛影响和重要性，也展示了中国在推广中文教育方面的努力和成就。课堂教学内容的融合与创新是推动文化传播的重要动力。为了让传统文化在汉语教学过程中焕发生机，教学内容设计应围绕着传统节日、习俗、经典诗词成语故事，以及中国传统艺术和手工艺的传承进行。

对于传统节日和习俗，如春节、清明节、端午节、重阳节等，教学中应当不仅仅介绍它们每个节日的名称和日期，更应深入解析这些节日背后所蕴含的文化意蕴，如春节的象征意义、清明节的风俗习惯、端午节的龙舟赛及粽子的来源等，以及节日中所反映出的人文哲学和社会价值观，让学生在学习语言的同时，对传统文化有更为直观和深入的认识。

涉及经典诗词和成语故事，教学中可以采用多种教学模式让学生参与进来，例如，通过背诵李白、杜甫的诗歌，分析其中的意象和修辞特点，或者通过讲述“掩耳盗铃”“刻舟求剑”等成语背后的故事，揭示语言表达中的深层文化含义，让学生在语言的学习中感受到中华语言的博大精深和言简意赅之美。

关于中国传统艺术和手工艺，如书法和绘画，课堂上应该设计更多的体验性学习机会。通过实际操作来实现学生对这些艺术形式的直观理解。例如，通过书法课程，学生不仅学习汉字的基本笔画和结构，同时也能体会书法中的气韵生动和精神表达；在学习国画时，学生则可以通过亲自挥毫，了解如何在宣纸上运笔造墨，表现山水花鸟的灵动之美。这样的实践活动不仅提升了学生对中国艺术的审美能力，也加深了他们对中华文化深层次精神韵味的理解。

语言是文化的载体，而对外汉语教学也必然涉及中国文化。在对外汉语教学中，学习者接触到的汉字、词语、句子、段落和篇章都承载着中国文化的内涵和特点。通过熟练掌握这些汉语知识以及它们所承载的中国文化，学习者可以将所学的汉语应用于实际交流中。只有通过对中国文化的理解，学习者才能更好地理解和应用汉语。通过学习汉语的过程，外国汉语学习者可以逐渐了解中国的价值观念、社会习俗、历史传统、艺术形式等方面的文化内涵。这种理解不仅有助于提高他们的语言水平，还能够帮助他们更好地理解中国人的思维方式和行为习惯，从而更好地进行跨文化交流。

当学习者真正理解并认同中国文化时，他们也会逐渐培养起对中国的情感和认同，即“中国情怀”。这种情感和认同不仅仅是对语言的学习兴趣，更是对中国文化的尊重和赞赏。通过培养中国情怀，学习者能够更加自如地融入中国社会和文化圈，与中国人民建立更紧密的联系，并在跨文化交流中更好地传递和理解信息。

当前文化教学内容选择需要重点思考和关注的问题，是根据学习者的国别特点、综合背景与学习诉求，有针对性地选择教学内容，从现代中国文化中极具体验性、代表性的微观视角，发掘中国优秀文化的物质与精神内涵。比如，中华经典是中文国际传播的重要载体。通过深入研究和教授经典著作，可以为国际中文教育提供科学的教学理论、原则、策略、模式和方法等方面的支持和指导。经典著作体现了中国优秀文化的物质和精神内涵，通过教授经典作品，可以让学习者更深入地了解和体验中国文化的博大精深。同时，在教育教学改革中，将“讲好中国故事”作为核心理念，可以通过讲述不同类型的故事来增强学习者的国际理解认知和实践能力。这些故事可以涵盖中国的生产实践、生活方式、家庭价值观、传统美德、环境保护、全球问题等方面。通过讲述生动、具体的故事，可以帮助学习者更好地理解中国文化，引发共鸣，并将中国的智慧和方案传达给世界。除

了传统文化，也应该关注当代中国的发展和变化。讲述当代反映中国国际关系和对外交流思想的创新型故事，可以帮助学习者更好地理解中国在国际舞台上的角色和贡献。同时，关注中国在解决全球问题方面的智慧和方案，如减轻贫困、生态治理、气候变化等，可以让学习者认识到中国的全球影响力和责任意识。通过以上方法，可以实现逻辑论证清晰、文化得到认同、价值观念引发共鸣的目标，将中国的民族精神、哲学智慧和伦理道德等精髓传播给世界。

二、对外汉语教学中中华优秀传统文化传播的第二课堂

在对外汉语教学中，第二课堂指的是正式课堂教学之外的各类课外活动与实践平台，它强调的是在非正式环境下通过实际参与和体验来传播和学习中华优秀传统文化。第二课堂以其灵活性和实践性，为学生提供了丰富多彩的文化学习机会，这些机会能够更好地满足学生对文化了解的深层次需求，并在互动中促进文化能力的提升。

课外活动与实践平台作为第二课堂的重要组成部分，通过多样化的形式搭建文化学习和实践的桥梁。例如，学校或教育机构可以组织传统节日庆典活动，学生们不仅能了解节日的历史背景和文化意义，还能亲自参与到节日的策划和实施中去，比如布置春节联欢会、组织端午龙舟比赛等。这种亲身体验将极大地增强学生对传统文化的感性认识。

此外，文化工作坊和讲座系列的组织与实施也是第二课堂中的重要内容。通过安排专题工作坊，邀请工匠或艺术家现场示范并指导学生手工制作中国结、剪纸等中国传统手工艺，或通过举办系列讲座，邀请专家讲解中国传统哲学、中医药知识等，学生们可以直接接触到传统知识的传承人，提升对中国传统文化的认识和敬重。

学生社团的建设与运作同样是第二课堂的重要方面。例如，通过成立社团戏剧社、音乐俱乐部等社团，学生们可以在兴趣驱动下深入学习京剧、民乐等传统艺术，社团的日常活动和定期演出不仅丰富了校园文化生活，也为学生提供了实践和展示自我的舞台。

可以说，第二课堂为对外汉语教学中中华优秀传统文化的传播提供了广泛的施展平台和实践领地。通过第二课堂的多样化活动，学生在轻松愉悦的环境下自然吸收文化知识，养成对传统文化的喜爱与自发传承的意识，成为中华文化交流的积极参与者和传播者。

引入第二课堂的概念在研究汉语听说能力个性化教学方面确实具有积极作用。第二课堂是第一课堂的补充和延续，与第一课堂共同构成完整的教育整体。第二课堂的目标是培养学生的基本技能和综合素质，它与第一课堂有着紧密的联系，拥有相同的教学目标和任务。与一般的课外兴趣活动相比，第二课堂活动更具计划性，并在激发学生主动性和潜力的前提下注重教学意义。这意味着第二课堂活动不仅仅是为了学生的兴趣和娱乐，更注重在活动中培养学生的能力和素质，并与学校的教学目标相一致。通过第二课堂活动，学生可以参与各种与汉语听说能力提升相关的活动，例如语言角、演讲比赛、戏剧表演、文化交流活动等。这些活动可以提供更多的实践机会，帮助学生提高语言表达能力、增强交流能力、开阔文化视野。此外，第二课堂活动也能够更好地满足学生的个性化需求，因为学生可以根据自己的兴趣和特长选择参与的活动，并在其中发挥自己的优势。这种个性化的学习方式可以激发学生的学习动力和积极性，促进他们在汉语听说能力方面的个性化发展。

设置第二课堂活动是汉语听说个性化教学的重要部分。第二课堂活动主要以语言交流与表达为主要形式，通常不需要较高的阅读与写作技能。这为留学生提供了大量的机会进行听力练习和口语表达。通过参与各种口语交流、演讲比赛、戏剧表演等活动，留学生可以积极锻炼听力技能、提高口语表达能力，并在实际的语言环境中运用所学的汉语知识。这种实践性的语言活动有助于提升留学生的听说能力，并增强他们在真实交际中的自信心。在第一课堂中，教师往往难以全面了解每个学生的个性化需求，尤其是留学生面临的文化差异和挑战。然而，在第二课堂的活动中，形式更加多样化且趣味性更强，留学生更容易表达真实的自我。他们可以根据自己的兴趣和特长选择参与的活动，并在其中展示自己的个性

和才能。这为教师提供了更多了解学生的机会，可以观察和评估留学生在不同活动中的表现，进而更好地设计个性化的教学方案，满足他们的学习需求和提供针对性的辅导。

第二课堂活动作为语言学习的一部分，应当明确其教学目的和学习成果，而不仅仅追求娱乐性或消遣性。如果第二课堂活动的目标不明确，很容易导致活动变得散漫，失去教学的重点和效果。通过将“结对子”活动纳入对外汉语方向中国学生的毕业学分要求，可以促使中国学生更积极地参与留学生的个性化教学，并提高整体教学效率。

第二课堂活动学分化可以激励中国学生更主动地参与留学生的学习过程，并承担起一部分个性化教学的任务。这种结对活动不仅可以提供留学生与中国学生之间的语言实践和交流机会，还可以促使中国学生更好地理解和关注留学生的学习需求和困难。通过与留学生结对，并记录留学生的学习特点和问题，并及时反馈给留学生的科任老师，可以帮助教师更快地了解留学生的需求和问题。这样，教师可以更有针对性地进行教学，针对留学生群体中存在的共性问题和个性问题进行教学调整和辅导。此外，中国学生在与留学生结对的过程中，也可以提高他们的教学能力和跨文化交际能力。通过与留学生的互动，中国学生可以更好地理解和应对不同文化背景下的学习差异，培养跨文化沟通和教学技巧。然而，需要注意的是，在实施第二课堂活动学分化时，应确保活动的质量和教学价值。确保中国学生参与的第二课堂活动与留学生的语言学习相关，并能够提供实质性的帮助和指导。同时，教师在这一过程中仍然扮演着重要的角色，他们应对对外汉语方向的中国学生的学习和指导进行有效的管理和支持。

我们还可以充分借助覆盖全球的中文教育在线课堂，实现中华民族现代文明的有效传播。随着科技的不断发展，国际中文教育在线课堂的兴起为学生提供了更广泛的学习机会。在线课堂打破了时空限制，学生可以根据自己的时间和地点选择参与学习，提高了学习的灵活性和便利性。通过使用 VR 虚拟现实技术，中文教育在线课堂可以创造出逼真的、互动性强的三维立体空间，学习者能够进行沉浸式的体验。学习者可以通过视觉、听觉、触觉等多种感官参与其中，提高学习的效果和体验。这种全新的语言文化学习模式使得中文学习更加生动有趣，为学习者提供了更多的学习方式和灵活性。在线课堂的应用也有利于提升中国的国际形象和国际传播力。通过数字化的中文教学内容，可以更好地传播中国的语言和文化。在线课堂的便利性和普及性使得更多的学习者能够接触和学习中文，增进对中国的了解和兴趣。这对于推广中华民族现代文明和促进国际的交流与合作具有积极的影响。

三、第二课堂与第一课堂相结合

将对外汉语教学中的第一课堂与第二课堂相结合，是实现中华优秀传统文化深度传播的一种有效教学策略。第一课堂的系统化教学为学生提供了结构性的语言知识和文化理论基础，而第二课堂的实践活动则提供了沉浸式的文化体验。这两者的结合能够以理论指导实践，实践反哺理论，从而实现知行合一，增强学生的文化认识和应用能力。

在汉语学习过程中，留学生置身于汉语环境中，接触到的语言形式和使用场景非常多样。标准的普通话是教学的核心，但地方普通话和方言也是留学生在日常生活中频繁接触到的语言形式。因此，将地方普通话和方言的学习作为第二课堂的一部分，对于留学生更好地适应语言环境、提高汉语交际能力至关重要。第二课堂的学习可以帮助留学生更全面地了解和掌握汉语语境的多样性。通过学习地方普通话和方言，留学生可以更好地适应不同地区的语言环境，提高与当地人的交流能力，增进与中国人的互动和理解。这种学习也有助于培养留学生对汉语多样性的兴趣和对中国文化的深入了解。将地方普通话和方言的学习纳入第二课堂，有助于留学生在教室以外的场景中进行语言习得和实践。通过与当地人的交流和实际生活中的语言应用，留学生可以更自然地掌握地方普通话和方言的语音、词汇和表达习惯，提高语言的流利程度和地道程度。

教学模式的创新是这一结合的核心。传统的课堂教学模式往往侧重于知识的灌输，而现代教育理念强调学生主体性和互动性的培养。为此，可以在第一课堂

中引入案例教学法，结合中国的历史故事、社会现象等与文化相关的情境案例，使学生在分析和解决问题的过程中，主动运用所学知识，理解文化背后的深层含义。

现场教学的运用也是该教学模式的创新之一。通过课堂学习后，教师可组织学生参加与课堂内容相关的现场教学活动，如参观历史博物馆、文化遗址等，将抽象的知识与生动的现场结合起来，增强学习体验，提升文化内涵的理解和感悟。

项目制学习也是一种有效的教学模式创新。将文化项目与专业汉语教学相结合，例如，在语言课程中穿插文化项目的策划和执行，使得语言学习与文化实践紧密结合。这样的项目化学习既让学生在实际操作中锻炼语言能力，又能加深对传统文化的认知。

此外，主题性研学旅行是第一课堂与第二课堂相结合的重要组成部分。通过组织学生赴中国特定地区进行文化探索之旅，学生可以在旅行中实地体会和学习当地的历史、艺术、民俗等文化元素。比如，参加书法艺术研学，深入中国传统建筑研究，这种实践中的学习不仅拓宽了学生的视野，也使他们对传统文化有了实践中的认知与体悟。

第二节　对外汉语教学中中国优秀传统文化传播的长效机制

在2023年6月2日举行的文化传承发展座谈会上，习近平总书记指出了我们在新时代新的文化使命。他强调："只有全面深入了解中华文明的历史，才能更有效地推动中华优秀传统文化创造性转化、创新性发展，更有力地推进中国特色社会主义文化建设，建设中华民族现代文明。"[①]在新的起点上，中国需要向世界讲述更多真实、全面的中国故事，传播当代中国的价值观念。这是建设中华民族现代文明的重要任务。从"中华文明"到"中华民族现代文明"，再到"构建中华民族现代文明"，这一表述的变化反映了党对文化建设理解的发展和丰富。学界已经对中华民族现代文明建设的内涵、意义、要求展开了一系列的研究。研究关注中华民族现代文明的历史逻辑、实践路径以及其价值导向等方面的问题。这些研究旨在深化对中华民族现代文明的理解，为文化建设提供理论支持和指导，推动中华民族现代文明的发展和繁荣。在新时代，中国面临着全球化和现代化的挑战，同时也有机会展示中国文化的独特魅力和价值观念。通过传承和发展中华优秀传统文化，结合当代社会的需求和现实情况，中国可以构建具有现代特色和中国风格的中华民族现代文明，为实现国家的发展目标和民族的复兴作出重要贡献。

虽然对外汉语教学中中华优秀传统文化传播已初显成效，但由于传播过程中缺乏一套富于规律性、长效性及可持续性的长效机制，传播效果仍不够理想，建立并完善高校中华优秀传统文化传播的有效机制势在必行。高校中华优秀传统文

① 何宇虹.国际中文教育在中华民族现代文明传播中的独特使命、功能与路径[J]昆明学院学报，2024，2(28):34-35.

化传播的长效机制系运用特定的纽带将中华优秀传统文化系统内各子系统、要素有机结合起来，使其按照一定规律进行运转，即长效机制的运转必须建立在遵循整体性原则、系统性原则以及实事求是原则的基础之上，在运行、监督、激励、评估等方面建立完善的机制，才能确保高校中华优秀传统文化的传播在循序、渐进、有规律、系统、连贯中进行。

一、运行机制

运行机制指的是在人类有规律的社会运动过程中，影响到此种运动的相关因素的功能、结构、因素间的相互关系，以及各因素产生发挥影响和功能的作用原理、作用过程以及运行方式。运行机制是制约、引导决策并和人、物、财等相关活动的根本准则和对应制度，是决定各主体行为的内外影响因素及其相互关系的总和。

在对外汉语教学中，优秀传统文化的传播需要一个持久而有效的长效机制，以确保其持续性和稳定性。首先便是需要构建一个健全的运行机制，这涵盖了体制建设、政策支持、教学团队与教研机构的建设，以及国际合作与平台建设。

体制建设与政策支持的确立是对外汉语教学中中华文化长效传播机制的核心。政策支持从顶层设计出发，明确了国家在对外文化传播方面的意图与方向，这些政策需与国际教育发展的趋势相契合，从战略高度出发，制定长远规划与支持措施。具体而言，需要有针对性的资金投入，这不仅包括课堂教学资源的丰富，还有对师资培养的经费支持，以及对教学与文化活动质量提升的资金保障。政策应当涵盖教师的国际交流项目、奖励优秀教学成果、支持教学研究与创新等多个维度，为对外汉语教学的发展提供可靠保障。

国际合作与平台建设则为对外汉语的长效传播提供了强有力的实践渠道。通过与海外高校和教育机构建立合作关系，搭建多样化、双向互动的交流与合作平台，既可以导入国际先进的教育理念和教学方法，也可以将中国的文化特色和教学资源推向国外。孔子学院作为这种国际合作的代表性平台，不仅在全球范围内推广汉语教学，更成为文化交流的重要窗口。孔子学院等机构的建立与推广，实现了中华文化“走出去”的战略步骤，不仅提供了学习汉语的教育资源，也举办了各种文化活动，如中国电影周、书画展览、传统节日庆祝活动等，增进了世界各国民众对中国文化的了解和兴趣。

二、监督机制

监督机制是指监督系统内部不同构成要素通过合理配置、相互协调、相互制约，形成的一种制度化体系，旨在实现既定的监督目标。一个完善的监督机制应当遵循以下原则。一是民主性原则。监督机制应建立在民主基础上，确保监督方式、程序和方法的民主性。二是有效性原则。监督机制应注重监督工作的有效性和成效，不能敷衍塞责，而应真正起到监督作用。三是独立性原则。监督机构应保持相应的独立性，以确保监督工作的公平公正，并提高监督工作的效率。通过合理配置和组合上述要素，形成统一规范的监督机制，才能构建完整有效的监督体制，实现监督任务和目标。监督机制的建立和运行是为了维护公共利益、防止腐败、促进良好治理等重要目标的实现。

在构建对外汉语教学中中华优秀传统文化传播的监督机制时，必须实施多维度的课程评价与教学督导体系。这个体系应发挥其全面性与系统性，对教师的授课内容、方法和效果实施定期的监督和评估。具体而言，课程评价应采纳多元化的反馈，包括但不限于教师自我评价，以自省的方式识别教学中的优劣；同行评价，通过鼓励教师间的观课和交流，互相提供专业反馈；专家评价，由教研人员或领域专家对课程质量进行第三方评审；以及学生评价，作为直接受教者提供宝贵见解。教学督导机制需设立专业的督导团队，他们定期进入课堂，通过观察与交流给予教师具体的改进建议，并在教学方法、课堂管理等方面提供支持，以此推动教师专业成长和教学质量提升。

学生满意度调查与反馈机制的建设同样关键，当代教育理念强调以学生为中心，因此，收集学生的反馈是掌握教学效果和优化教学环境的关键。应运用科学有效的问卷调查，组织深度的访谈，并在论坛和社交平台上激活讨论，以此来聚合学生的意见。为了保证信息的有效性和针对性，需要精心设计问卷内容，确保问题的相关性和可操作性。收集到的数据和意见应及时进行分析，这些结果将作

为调整教学方案和课程内容的依据，确保教学活动真正响应学生需求与期待。

对立项课程和文化活动的监测与评估是维护教学品质的重要环节，必须为每项课程和文化活动制定明确的评估指标体系，这些指标既要具有可衡量性，也应包含定性的分析，如学习成果的实际运用、文化理解的深度等。通过定期检查和审计，可以保证教育活动得到持续改进，并及时调整策略，确保教学资源的高效利用。对于成效显著的项目，应总结经验、提炼模式；对于表现不佳的，则需深入分析原因，制定整改方案，以不断提高教学和文化活动的整体效能。

通过确立这套多角度、系统化的监督机制，不仅可以实现对传统文化教学质量的有效监控，还能激励所有参与者持续追求卓越，确保对外汉语教学及文化传播工作的长效性和持续发展。

三、激励机制

激励机制是指在组织系统内，通过采用多种激励手段，使激励主体与激励客体之间相互作用、相互制约的方式和关系的总和。它能够在较长时间内有效地引导和强化激励客体的思想、动机和行为，积极调动激励客体的能动性，充分发挥人的潜力，从而达到组织的目标。激励机制是由内在动力和外在动力相互作用的机制，旨在激发和维持激励客体的积极性和主动性。内在动力是指个体内部的动机、目标和价值观，如自我实现、成就感、认可等。外在动力是指外部给予的奖励、认可和机会，如薪酬、晋升、表彰等。激励机制通过内外在动力的相互作用，形成一种有机的结合，以推动个体的行为和努力，促进组织的发展和目标的实现。

在对外汉语教学背景下，中华优秀传统文化传播的激励机制可以分为内部激励和外部激励两个层面。内部激励机制主要关注对传播者和受众者的激励，以推动他们积极参与和有效传播中华优秀传统文化。这种内部激励机制可以建立在高校的制度体系中，包括奖励激励、荣誉表彰、晋升机制等，激励教师和学生积极投入中华优秀传统文化教学和研究。外部激励机制则涉及企业、政府、媒体、环境等外部力量对高校的激励。政府可以通过出台相关政策和措施，提供资金支持、奖励计划等，促进对外汉语教学中中华优秀传统文化的传播。企业和媒体可以提供赞助、合作机会，扩大传播的影响力。环境因素如交流平台、学术会议等也可以为教师和学生提供展示和交流的机会，激发他们的积极性。这些激励机制的设计和实施需要综合考虑不同层面的因素，并根据实际情况进行调整。

在对外汉语教学中实行激励机制是确保文化传播质量的重要环节。为了达到这一目的，需要设计并推行一个综合的评价体系。这一体系旨在通过量化指标及定性分析，全面评估教师在教学内容创新、教学方法改进、学生反馈等多个领域的表现。对表现突出的教师，可通过奖金、研究资助、优先参与高级培训项目等方式进行物质奖励。另外，通过设置晋升通道或职称评定，给予职业生涯上的鼓励和肯定。特别奖项的设立，如年度最佳汉语教师奖、创新教学奖，不仅是对教师个人所作贡献的公开认可，也鼓励其他教师追求教学卓越。

学生的学习激励机制同样要多元而具体，可以通过设立不同类别的奖学金，比如学术成就奖学金、文化实践活动奖学金，对学习成绩优异的学生或在特别项目中表现突出的学生予以奖励。在评价体系中，除了传统的成绩评定外，还应该重视学生在文化课程项目中的实践参与、创新能力的展示。学生参与文化节日庆典的组织、促进中外学生交流的活动、参加学术交流的表现等都可成为评估的一部分，通过荣誉称号、实物奖品、额外学分等实际激励方式增强学生参与的积极性。

国际汉语教师奖项与文化大使计划更是突破国内外限制，提升了对外汉语和中国文化传播的国际影响力。通过设立具有国际声望的奖项，对致力于汉语国际推广的教师给予表彰，既是对他们个人努力和成就的认可，也是激励其他教师投身国际汉语教育工作的动力。文化大使计划通过选拔优秀的汉语教师或学生，培训他们成为文化交流的使节，赋予他们责任感和荣誉感，让他们在国际舞台上推介中华文化，建立起跨文化的沟通桥梁。该计划不仅为参与者提供深入了解他国文化的机会，还可以作为他们个人发展的跳板，增强其在国际交流中的竞争力。

通过这样的激励机制，我们能够形成一个良性互动、相互促进的教育环境，既能激发教师和学生积极投入到汉语教学与文化传播中，又能确保教学质量的不断提升和文化传播的长效维持。

四、评估机制

评估确实是一种价值判断活动，可以在各个领域中进行，包括企业、资产和房地产等。评估可以分为形成性评估和总结性评估两种类型。形成性评估主要发生在活动进行过程中，用于解决活动中的问题，而总结性评估则在活动结束后对整体目标的实现情况进行评估。评估机制包括评估主体、评估内容、评估制度体系和评估标准等多个要素，同时还与外部环境之间建立了能够客观反映评价系统的方式和过程。

在传播和推广中华优秀传统文化的过程中，对外汉语教学中的各项计划和项目目标的制定都应符合评估机制的基本原则。这意味着需要从实际情况出发，对即将产生的结果、对象和环境进行适当的分析和评估，确保各个方面和环节都能符合既定目标。评估机制在对外汉语教学中传播中华优秀传统文化的过程中起着关键作用，是一个承上启下的基本环节。它确保了教学活动的有效性和目标的实现。在北京第二外国语学院的“礼敬中华优秀传统文化”系列活动中，他们以中华传统文化为主题，开展了一系列品牌化的校园文化活动。例如，他们连续举办了七届的“读书文化节”和八届的“兰亭杯”书画大赛系列活动。为了提升留学生的文化素养，学校定期邀请教授和专家来校对学生的作品进行指导和点评。这一举措符合评估机制的有效性原则和激励性原则。名师的点评，可以调动留学生积极参与活动的热情，使他们在感受中华文化魅力的同时，也能获得启发，进一步提升自己的人文修养。这样的评估机制有助于确保活动的质量和效果，并激发参与者的积极性，从而实现对外汉语教学中中华优秀传统文化的传播和推广目标。

评估机制在对外汉语教学中传播中华优秀传统文化的长效机制中，起到了核心的监测和反馈作用。对教学成效、文化项目影响力和国际合作交流成果等多个方面的评估，可以对现有教学模式和文化传播策略做出客观分析，并据此制定持续改进的措施。

教学成效的长期跟踪与研究为对外汉语教育的质量提供了持续性的保证。此类跟踪研究不限于语言技能层面，同样涵盖了学生对中华文化的认识和理解。为了确保有效的评估和改进，建议设立专门的评估团队，他们负责设计和实施包括但不限于汉语水平考试、定期的文化知识测试以及结合实际文化体验活动后的反思报告等评估工具。这些工具不只是静态地评价教学过程，更是动态地参与和影响教学的发展。定期进行访谈和专题座谈会，可以获取更深入的学生反馈；文化项目的影响力评估则从文化传播的维度出发，评估项目是否有效达到了其设计目标。这要求设定清晰的成效指标，比如参与度、知识掌握度和态度变化情况等。在此基础上，进行数据搜集和分析，使用多源反馈如问卷、访谈、社交媒体互动分析等方法，这不仅能评估项目本身，也能反映该项目对于增强文化认同和推广汉语教育所起到的作用。媒体曝光量、活动参与者的反馈、社会影响力等，都应纳入考量范围，全面衡量项目的长远影响力；国际合作与交流的成果反馈机制是衡量国际传播成效的关键，此机制需要系统性地收集各个国际合作项目的反馈信息，如双方交换生的感悟、教师培训项目的成效以及国际研讨会的影响等。可以通过定期的报告、满意度调查和参与度分析等方法，了解各个项目的实施情况和所面临的挑战。对这些信息进行整合和对比分析，不仅可以知道哪些做法有效，也能发现哪些地方需要改进。这些详细的反馈对于今后计划新项目或优化现有项目至关重要，以确保各个环节都能持续优化，提升教学与传播效果。

第九章 对外汉语教学中中国传统文化传播的未来展望

目前，我国的对外汉语教学事业正伴随着祖国的发展而发展，形势一片大好。可以预见，随着我国经济的进一步腾飞、国际地位的进一步提高，我国的对外汉语教学事业必将更加辉煌。同时，随着世界汉语教学的不断发展，将有越来越多的“中国通”“汉学家”积极活跃于国际社会的政治、经济、文化、外交等舞台，为促进世界与中国的交流、拉近世界与中国的距离而发挥独特而重要的作用。

第一节　从“走出去”到“融进去”

中国作为世界贸易大国、第二经济大国，当今我国的外国人入境规模已经相当可观。据公安部出入境管理局新的统计数据，2023 年，外国人出入出境共计 3547.8 万人次，同比增长 693.1%。另据第六次人口普查结果报告显示，到 2020 年 11 月 1 日，我们国家常住外籍人士已超过 84 万。教育部公布的 2018 年全国来华留学生数据显示，到 2018 年，全年在华学习的外国留学人员总数突破 49 多万人，同比增长 0.62%。可以说，中国境内的学习、生活和工作外国人数量在逐年递增，国内汉语学习市场需求也在稳步上升。

习近平总书记指出：“讲好中国故事，传播好中国声音，展示真实、立体、全面的中国，是加强我国国际传播能力建设的重要任务。”[①] 当代中国文化是中华优秀传统文化的传承和升华，我们在弘扬传统文化的同时，也应将当代中国的故事、思想、内涵、活力传递给世界。中国文化海外传播有中华经典的译介、孔子学院、国际外交往来等多种形式，依赖现场交流的文化交流与传播受到制约，不降反升的“汉语热”成为中国文化“走出去”的重要途径，为中国传统文化、当代文化“走出去”搭建起了桥梁。

一、促进文化理解

语言既是文化的载体，亦是传播的媒介。汉语教育与文化推广相互促进、互惠共赢。对外汉语教育自更名为“汉语国际教育”以来，其教学目标转向汉语国际推广和中华文化国际传播。随着海外任教的汉语教师逐年增多，国内与海外的汉语教育交流益盛，两者在课程设置、教学理念上逐步接轨，汉语教育整体呈现

① 周亭，邓天奇，唐紫宸.新时代中国式现代化的国际传播：传播价值及实践路径[J]江苏科技大学学报（社会科学版），2023，3(15):71-74.

语言教学与文化理解并重的特点。

第一，培养方案突出应用，语言实践和文化理解成为主要教学目标。海外汉语教学的重点由词汇、语法知识的灌输转变为语言文字的应用和国际视野的培养，课程设置更加重视汉语口语的操用和对中国文化的理解，会话课程、文化课程占比增加，如何在理解中国文化内涵的基础上与中国人直接对话成为教学要点。

第二，汉语水平考试（HSK）相关课程纳入海外汉语教学体系，助力中华文化的国际传播。近年来，随着汉语水平考试国际认可度的大幅提升，汉语学习不再是个人兴趣，而是关系到前途的一项专业技能，多数海外汉语教育机构开设了汉语水平相关课程。汉语水平考试作为国际标准化汉语考试，含有大量传统节日、风俗习惯、名胜古迹、风物特产等反映传统文化和民俗文化的内容，其报考人数的飙升有效提升了中华文化的国际传播力。

第三，文化课程设置不断完善，传统与当代、理论与实践并重。培养国际视野的前提是跨文化理解，中国传统文化凝聚了中华民族的底蕴和智慧，中国当代文化体现了时代精神和大国自信。各国大学、孔子学院按照自身特色细化了中国历史、文化相关课程。除常规课程外，增设了广州话、上海话等中国方言课，“时事汉语”“中国现当代作品选读”等反映当代中国民众生活的课程，加速了当代中国文化的传播。

二、展现当代中国风貌

理解当代中国、传播当代中国是加强中国传播能力，向世界表达中国的重要课题。当代中国文化元素的增加是教学内容变更的重要特点。

第一，教学形式多样化助推文化传播途径多样化。随着线上教学的普及，教学形式由单一的线下教学转为线上、线下、线上线下结合等多种形式。各国汉语教师因课施教，不同课程采用不同的方式。线上文化理论课不受地域限制，可多人同时观看，扩大了中国文化的受众群体。线下文化体验课生动有趣，参与感强，激发了汉语学习者学习汉语、了解中国的强烈兴趣。

第二，以应用为导向，教学内容更接地气。语言应用的前提是语言交流，语言交流的前提是文化理解。海外汉语教育要提升教学效果，就必须让学生了解真实的中国语言文化，短视频、微博博文、知乎问答等成为最生动的教学素材，帮助汉语学习者深入了解中国现状，理解中国文化。

第三，与汉语母语者的在线互动弥补了现场交流受限的缺憾。汉语学习者与中国青年的交流是青年人思想的碰撞，是传递中国风貌、精神价值的最好途径。疫情后，除与外派汉语教师、中国留学生的线下交流外，海外大学、孔子学院与建立友好合作关系的中国高校采用网络视频课等线上互动的方式代替了短期留学，保障了文化交流的正常进行。

第四，中国社交媒体平台受到汉语学习者青睐，成为传播中国声音的重要渠道。中国社交媒体平台如微博、微信公众号、抖音等提供了丰富多样的内容资源，涵盖了各个领域的信息和知识。汉语学习者可以通过关注中国官方账号，获取最新的新闻、时事、文化、娱乐等内容，从而更好地了解中国的动态和社会变化。同时，社交媒体平台提供了个性化学习和互动的机会。学习者可以根据自己的兴趣和需求选择关注的账号和话题，获取符合自己学习阶段和兴趣爱好的内容。同时，他们还可以通过评论、点赞、分享等互动方式与其他学习者和中国用户进行交流和互动，共同学习、探讨和分享汉语学习的心得和经验。

三、重视参与文化活动体验

文化活动是文化教学的重要内容，是汉语课堂的延伸。海外汉语教育的文化活动主要有文化讲座、文艺表演、汉语比赛和文化体验等形式，力求让汉语学习者在潜移默化中感受中国文化的魅力。尽管疫情肆虐，但海外汉语文化活动依旧多姿多彩，主要呈现以下特点。

第一，文化讲座强调互尊互鉴，在互动交流中传递中国声音。文化讲座由单向输出变为双向吸收，以受众的需求为导向，增加了中外文化比较、当代影视作品在各国的反响等内容，打破了偏见和思维定式。在讲好中国故事的同时，倾听他国故事，在相互理解的基础上传递中国的价值理念。

第二，文化活动以传统文化为根基，增加当代中国元素。文化活动不仅向海

外民众展示中国传统文化，也传播包括当代科技、设计、绘画、电影和文学在内的当代中国形象，破除中国只有京剧、太极拳、书法的刻板印象，将丰富多彩的中国文化作为一个整体传播给世界，提升了文化传播的成效。

第三，文化体验关注低龄学习者需求，突出实践性、趣味性。以孔子学院为代表，在书法、戏曲、武术等常规文化活动的基础上，针对汉语学习者低龄化趋势，增加了中国画、面塑、茶艺、雕版印刷等文化体验活动，提升了活动的趣味性和参与性，吸引了更多儿童的参与。

四、积极调整传播策略

目前，中国文化逐渐在世界范围内得到理解和认同，提振了中国自信，给中国文化“走出去”提供了更多的机遇。同时，中国文化海外传播面临的挑战也不容忽视。

第一，因地制宜，因材施教，关注受众需求，精准分类推送。习近平总书记强调：“要深入开展各种形式的人文交流活动，通过多种途径推动我国同各国的人文交流和民心相通。”[①] 欧美国家与亚洲国家对中国的认识与理解存在差异。在中华文化传播过程中，应根据各国受众群体的文化需求投放文化材料，通过精准式、层级化的传播策略，打开传播局面，提升传播效果。

第二，增加向低龄汉语学习者传播文化的渠道，开发更多适用于低龄儿童学习的教材和课程。汉语作为一门重要的国际语言，已经在美国、日本、俄罗斯等多个国家的国民教育体系中得到了重视和纳入。这一趋势表明，海外低龄学习者将成为海外汉语学习的主力军，同时也呼吁我们充分重视这一机会，将中国文化走进海外基础教育。随着海外汉语学习的兴起，我们应该致力于提供高质量的教育资源来满足需求。这包括编写适合低龄学习者的教材、开设符合课程标准的汉语课程，以及培养专业的教师队伍。通过投入足够的资源和精力，我们能够确保低龄学习者获得系统、科学、有趣的汉语学习体验。

① 冯至. 汉语国际教育视域下中华文化海外传播的路径创新：以孔子学院为例[J]. 潍坊工程职业学院学报，2023，7(25)：66-68.

第三，丰富文化活动内容，在推广传播代表性传统文化的基础上，增加地方特色、民族特色内容。中国文化博大精深，入选联合国教科文组织非物质文化遗产名录的少数民族文化，如藏戏、蒙古族长调民歌等，亦是中华文化的瑰宝。我们应加大相关内容的外宣，将反映中国地方特色、地方生活的纪录片和文学创作推向国际，让世界更多地了解真实的当代中国，消除误解和偏见。

总而言之，中国文化在传播中也要跟随时代步伐，不断调整传播策略，用积极的姿态向全世界阐释中国文化的内涵，宣扬中华文明的魅力，传递中国人民的声音，切实促进中国特色话语体系的构建。

第二节　从普及化到专业型

掌握一门第二语言已成为21世纪合格公民的基本要求。在当今全球化和信息化的时代，语言不仅仅是交际工具，而是连接人们的桥梁，是跨越国界、融入全球社会的关键因素。全球化进程加速了国际贸易、跨国投资和商务往来，掌握一门流行的第二语言将为个人提供更广阔的就业和商业机会。无论是在跨国公司、国际组织还是创业领域，具备第二语言能力的人更具竞争力，能够更好地适应全球经济的发展需求。

一、策略变革与文化深度融合

传统的“输出”模式常常令接受方感到被动和抵触，因此，新的文化传播策略需更多地强调对话与交流，让不同文化之间形成共鸣，并在此过程中传播中国传统文化。这需要我们深化文化内涵的阐述，不仅将教学内容与各国学生的文化背景和兴趣相结合，还要促进他们对中国传统文化更全面地理解和认识。在实践方面，文化融合要求我们设计专门的课程和活动，让外国学生了解中国的历史、哲学、艺术、节日等多方面内容，并鼓励他们参与到中国文化体验中来。通过这样的互动，外国学习者可以更自然地感受到中国传统文化的独特性，进而在理解的基础上增加对中国文化的认同和兴趣。在更深层次上，策略变革还需要汉语教师具备跨文化交际的能力，使其不仅能传授语言，更能成为文化的传播者和交流的桥梁。教师的角色转变为文化的传播者，使得对外汉语教学变得更为丰富和有影响力。

二、文化交流的深层次推广与本地化实践

深层次的文化交流不仅仅是知识的传递，更是价值理念和生活方式的互动与融入。随着对外汉语教学的不断深化，中国传统文化的推广亦呈现出需要与当地

文化实践深度结合的趋势。

在具体实践中，首先要重视当地文化环境与中国文化的结合可能。这意味着教学内容的设置需要根据当地文化特点和需求进行针对性调整，以确保文化教学不是简单的信息灌输，而是符合学习者文化背景的互动体验。例如，可以将中国的传统节日与当地的文化活动相结合，设计中国文化体验活动，如茶艺、书法、武术等，这些活动能够深化学习者对中国文化的直观感受，并在实践中加深理解；其次，本地化实践还需要涉及课外的文化交流与合作。可以通过与当地教育机构、文化中心、企业等建立合作关系，开展各类文化交流活动，如汉语角、中国电影展映周、中华美食节等，这些活动不仅提升了当地社区对中国文化的兴趣，还促进了文化资源的共享和交流。

在本地化过程中，需要尊重和学习当地文化，发掘中外文化共通之处和互补性，以此作为融合的切入点。比如，通过讲解中国哲学和当地哲学思想的异同，可以激发学习者对文化深层含义的思考，建立跨文化理解的桥梁。通过持续追踪学习者的汉语能力提升及文化理解深度，调研其在社会和职业生涯中如何应用所学的中国文化知识，可以获得关于本地化实践是否达到预期目标的反馈。这些反馈将指导教学内容的调整，确保文化教学活动与当地社会需求紧密相关，真正实现文化交流的深层次推广和本地化实践。通过这种动态、互动、反馈的流程，中国传统文化的传播将更为深入人心，形成长久的影响力。

三、依托海外孔子学院的文化融合策略探讨

随着中国经济的发展和国际交往的日益广泛，世界各国对汉语学习的需求急剧增长。为推动汉语加快走向世界，提升中国语言文化影响力，从 2004 年开始，我国在借鉴英、法、德、西等国推广本民族语言经验的基础上，探索在海外设立以教授汉语和传播中国文化为宗旨的非营利性教育机构“孔子学院”。几年来，孔子学院建设快速发展，已成为世界各国人民学习汉语和了解中华文化的园地，中外文化交流的平台，加强中国人民与世界各国人民友谊合作的桥梁，受到广泛欢迎。

在中外双方的共同努力下，截至 2023 年，已在 160 个国家和地区建立了 499 所孔子学院和 793 多所中小学孔子课堂。各地孔子学院充分利用自身优势，开展丰富多彩的教学和文化活动，逐步形成了各具特色的办学模式，成为各国学习汉语言文化、了解当代中国的重要场所。海外孔子学院作为中国传统文化传播的重要外延，它们在推动文化融合方面扮演着枢纽的角色。孔子学院不仅是汉语教学的平台,更是传播中国文化的桥梁和交流的中心。《孔子学院章程》明确规定，孔子学院作为非营利性教育机构，其宗旨是增进世界人民对中国语言和文化的了解，发展中国与外国的友好关系，促进世界多元文化发展，为构建和谐世界贡献力量。

作为文化传播的纽带，孔子学院在世界各国一直在不断扩展之中。孔子学院通过传统节日、留学交换、专题讲座等方式，在推广中国文化、增强中国“软实力”等方面起到了重要作用，引起了国内外学术界的强烈关注。孔子学院开展汉语教学和中外教育、文化等方面的交流与合作，所提供的服务包括：开展汉语教学；培训汉语教师，提供汉语教学资源；开展汉语考试和汉语教师资格认证；提供中国教育、文化等信息咨询；开展中外语言文化交流活动。

各地孔子学院充分利用自身优势，开展丰富多彩的教学和文化活动，逐步形成了各具特色的办学模式，成为各国学习汉语言文化、了解当代中国的重要场所，受到当地社会各界的热烈欢迎。

首先，孔子学院需要积极与当地教育机构、文化组织进行深度合作，创造双向互动与学习的机会。通过引入中国传统的艺术形式、节日习俗、生活哲学等元素，孔子学院可以让当地人民在参与体验的过程中感知中国文化的博大精深。比如，联合举办中国书画展、武术表演、传统音乐会等文化活动，不仅有助于提升中国文化的可见度，还促进当地人群的感性认识和情感共鸣。其次，孔子学院要强化文化教育的本地化内容。这意味着课程和活动不应仅限于中文教学，而应包括本地文化与中国文化的融合。可以开设关于中国影视在当地的影响、中国与当地饮食文化的交融、当代中国社会问题与当地的比较等课程。

通过这种方式，孔子学院的角色可以从汉语言文化的单一传播者，扩展为文化互动的平台和思想交流的场所。此外，孔子学院应发挥其在学术研究中的作用，鼓励与支持中外学者就中华文化的全球融合进行研讨和出版。可以定期举办国际学术研讨会，鼓励跨学科、跨文化的对话，探讨如何在全球化的背景下，将中国传统文化的智慧与现代社会更好地融合。最终，孔子学院应不断探索如何通过教学和文化活动，引导学习者形成文化亲和力和认同感。丰富的互动和体验设计可以让学习者不只是学习一门语言，而是通过语言去认识一个国家和一个民族的深层文化，使传统文化的价值观、行为习惯和思维方式内化为学习者自己的文化素养。

四、教学深度与广度的拓展

在推动对外汉语教学从普及化走向专业型的过程中，教学内容的深度和广度拓展是核心任务。传统的普及型教学关注于汉语知识的广泛涵盖，而专业型教学则更侧重于汉语应用能力的深入培养和专业知识的精深学习。

为了达到教学深度的拓展，教材和课程设计需从基础语言技能的教授，过渡到更高水平的语言运用和思维能力的培养。这需要将汉语的教学与中国文化、历史、哲学、艺术等学科内容进行整合，推出针对性的专业课程，如商务汉语、医疗汉语、旅游汉语等，同时增设涉及经贸、法律、军事、科技等领域的汉语应用课程。同时，汉语的跨文化交际能力的培养也日益重要。教学内容中应融入跨文化交流的相关知识和情景模拟，使学习者在掌握汉语的同时，能够更好地理解和适应中外文化的差异，提升其在多文化背景下的沟通能力；在教学广度的拓展方面，对外汉语教育需从针对初高中生和大学生的基础教学，拓展到面向成人、职场人士、特殊行业人员的定制化教学。这要求教育机构和教师群体对不同年龄段、不同背景的学习者有精准的认识和高效的教学策略，包括调整教学进度、教学方法以及课程内容，确保教学活动能够满足学习者的具体需求。

五、针对不同层次学习者的课程体系建设

在对外汉语教学中，为不同层次的学习者提供专门化的课程体系，是践行教

育个性化和满足学习需求多样性的关键。

首先，课程体系将更加细分，针对学习者的汉语水平、学习目标和兴趣点进行个性化定制。例如，初级学习者的课程将侧重基础汉语能力的培养，包括日常交流用语、简单的语法结构和基本汉字；而高级学习者则可能需要更多关注学术汉语、专业术语及实际应用场景的模拟。其次，构建多层次的课程体系也要考虑不同文化背景下学习者的特定需要。这涉及从内容和语境两方面来设计教材和授课内容。例如，东亚地区的学习者由于与中国文化的亲近，可在课程中增加文化比较和深入的文化讨论；而非汉字文化圈的学习者，则可能需要更多关注汉字记忆和写作技巧的培养。再次，未来的课程体系建设将更强调跨学科综合能力的培养。除了传统的语言和文化课程外，添加涉及文学、历史、艺术等知识领域的内容，提供综合性学习体验。通过结合实践活动、项目作业等形式，让学习者从多角度接触和理解中华文化，提高其跨文化交流和研究的能力。最后，随着科技的发展和教学模式的革新，数字化资源的融合将是课程体系建设的另一重要方向。线上教学平台、虚拟现实技术等可以在不受地理限制的情况下，提供更加丰富和互动的学习经验。未来的课程体系将结合线上线下的教学资源，为学习者打造更加灵活和便捷的学习环境；在评估和反馈机制上，未来的课程体系将实施更为精细化的学习进度跟踪和效果评估。引入形成性评价和学习者自我评价，以鼓励自主学习和持续进步。对教学效果的周期性检测和实时反馈将帮助教师及时调整教学策略和内容，为学习者提供最适宜的教学支持。

第三节　从通用到职场

随着中国科学技术的进步及科技成果不断转化为生产力，职场汉语将会有更大的发展空间。“十四五”期间，“汉语＋职业技能”的培训模式应该得到大力推广，口头上的“国际汉语”应该在应用或实用层面上得到彰显，汉语的价值因应用和实用才能进一步提高。“汉语＋”的概念要落在实处，这跟目前国内对外汉语教学界关于对外汉语专业改革要走的方向也是吻合的。

一、汉语教师专业化培训与发展路径规划

未来对外汉语教育领域将更加重视教师队伍的专业化培训和职业发展路径的规划。随着汉语国际地位的提升和对外汉语教学需求的激增，高质量的汉语教师成为推动该领域发展的重要力量。

在这样的背景下，首先，教师专业化培训将更注重实践技能和教学方法的现代化。培训内容会包括最新的教学理念、教育技术的应用、课堂管理技巧、跨文化交际能力等。通过定期的培训和研讨，教师能够不断更新知识结构，提升教学能力。同时，这种专业发展将包括对教学实践的反思，使教师能够自我评估并调整教学策略。其次，将建立一套系统的职业进阶体系，明确汉语教师的职业发展路径。从初级教师到高级教师，再到教育规划师或教学管理者，每一步的职业晋升都将附带相应的认证和培训需求。这样的设计旨在激励教师追求终身学习和专业成长，同时为教师提供清晰的发展方向和目标。接下来，还需要注重打造国际化的汉语教师队伍。这不仅包括来自中国的母语教师，也包括各国的汉语学习者。专业化培训的范围需扩展至全球，利用在线资源和远程教学平台，为世界各地有意向成为汉语教师的学习者提供同等的培养机会。此举将有助于形成一支多元文化背景的教师队伍，为不同国家和地区的汉语教学提供更有针对性的教师资源。

此外，将倡导汉语教师参与学术研究和知识创新。教师的专业化培训不仅仅停留在教学技能上，更包括推动参与教学法、教材编写、课程设计等研究工作，鼓励教师发表学术论文，参加国际会议，拓宽知识视野。

二、对外汉语教学定制化和职业化趋势

随着全球化进程的加快及国际劳动市场的日益紧密，对外汉语教学正经历从传统通用型教学向定制化、职业化的转变。这一趋势能够满足日益增长的职场汉语需求，并为具有不同职业背景的学习者提供更为实用和精准的语言服务。

第一，教学内容将更注重与具体职业实践的对接，为学习者提供定制化的学习方案。针对不同职业领域，定制化教学计划将涵盖相关行业的专业术语、沟通策略及文化适应等内容，如商务汉语教授谈判技巧、行业报告写作，医学汉语则着重于医疗术语和患者沟通等。第二，职场汉语教学会更加强调实际应用能力的培养。通过模拟职场情境、角色扮演和案例分析，学习者不仅能够学习语言，还能够实际应用在特定的工作情境中。这种情景式教学有助于提升学习者的汉语综合应用能力，从而在真实的职场环境中更加得心应手。第三，将更多运用多媒体和网络科技，增强教学的互动性和趣味性。数字化教学工具、在线模拟平台和虚拟现实等技术可以使职场汉语学习更加生动、直观，同时打破地理限制，为更多有职业汉语需求的学习者提供便捷的学习途径。第四，教学评估体系也将针对职场汉语的特点进行优化，更多地采用绩效导向的评价方法。课程中引入项目完成情况、团队协作效率等实际工作中的评价指标，以及与行业接轨的考核体系，使评估结果更加真实地反映学习者在职场上使用汉语的能力。第五，职业化汉语教学不断优化的同时，对教师的要求也将随之提升。教师的培训将重视实际工作经验的积累和行业知识的学习，以便更好地进行定制化教学内容的设计和实施。同时，教师也需具备指导学生进行职业规划和职场技能培训的能力。

三、商务汉语、法律汉语等专业方向的文化内容整合

在未来，专业化对外汉语教学领域将重点关注商务汉语、法律汉语等领域内的文化内容整合，以满足专业人士在特定领域内的实际应用需求。这种整合不仅

仅限于专业知识的传授，更包含了对应职业文化、行业背景以及与之相关的社会实践的深入理解。

第一，商务汉语的文化内容整合将设计围绕商业交往中常见的文化问题和沟通习惯。这涉及中国商业礼仪、谈判风格、合作理念等方面，将理论和实际情景结合起来，使学习者能够在商务活动中正确表达、有效沟通，同时知晓商业接洽中的潜在文化差异，以提升国际商务竞争力；在法律汉语的教学中，文化内容的整合注重于法制文化和法律实践的相互影响。教学中将纳入中国法律体系的基本框架、法律文书的撰写规范以及法律术语的精确使用。第二，通过分析中国的法律历史与当代司法案例，学习者将加深对中国法律文化特色和运行机制的了解。第三，为了实现真正的文化内容整合，课程设计应更多地从学习者的职业实际需求出发，探讨在特定领域内进行有效沟通和交流所需的文化知识。教材和教学案例需紧密结合实际商务环境和法律实务，使学习者可以在了解基本语言知识的同时，掌握相应领域中的实际操作技能和文化理解能力。第四，跨文化比较研究也将成为课程的一部分，通过比较中外商务文化和法律文化的不同，提升学习者的全球视野和适应能力。通过研究不同文化背景下的商务战略和法律解决方案，学习者将学会如何在保持中国文化特色的同时，进行有效的国际商务沟通与法律实践。第五，商务汉语和法律汉语等专业方向的文化内容整合将成为对外汉语教学的一部分，这样的教学不仅提升语言运用能力，更将加深对行业特色和文化背景的理解，培养具备国际化视野及专业能力的人才。

四、职场所需的中国文化素养与实际应用

未来对外汉语教学在职场领域的发展，将更注重于为学习者提供与职场相关的中国文化素养和其在实际工作中的应用能力。随着中国在全球经济和文化舞台的日益重要性，掌握中国文化素养已成为职场竞争力的一部分。

第一，文化素养教学会越来越体现在对商业习俗、社会礼仪以及职场互动规范的了解。未来教学计划中将包括中国的工作文化、团队合作方式、领导风格和决策过程等内容，以及如何在保持个人文化身份的同时展现对中国文化的尊重和

适应。第二,教学内容将涵盖在各种职场情景中应用中国文化知识的技巧与方法。举例来说，在商务活动中，这可能包括接待中国客户的礼仪、参与中国节日或庆典活动的适当行为，以及如何在商务宴请中展现文化敏感性和适宜性。第三，职场对话和沟通技巧的培养也将成为文化素养教学的重点。不仅要教会学习者如何用汉语进行有效沟通，还要让他们理解沟通中的隐含含义、提高解读非语言信息的能力，如肢体语言、面部表情、语调和语速等，这些都是与中国人进行有效沟通不可或缺的能力。第四，在实际应用方面，教学将突出实际工作任务和项目的案例分析。在这个过程中，学习者将学习如何将中国文化素养应用于项目管理、客户关系建设、市场营销策略等具体业务中，而这一切都将基于真实的职场案例来教授；为了确保学习者能将所学文化知识运用于实际工作，将引入包括工作坊、实习项目和实地考察在内的互动式学习环节。通过与中国企业和组织的实际接触，学习者可以更加深刻地理解职场文化，并在实践中提升自己的文化素养和应用能力。

第四节　从外派到本土

目前，虽然派出的汉语教师规模相对较大，但仍然无法满足全球各地对汉语教学的需求。解决世界各国汉语教师不足问题的根本在于本土汉语教师的培养和发展。

一、汉语国际化与本土化教育资源开发

在全球化的语境下，汉语的国际化已成为一种不可逆转的趋势。然而，随之而来的是对本土化教育资源的日益需求，以使汉语教学能更好地适应当地社会和文化环境。未来从外派到本土的转变，将涉及以下几个方面的发展：

首先，汉语教学资源的本土化涉及设计与当地文化教学需求高度契合的教材和教学策略。这不仅意味着教材中应当包含地域性的内容，如当地知名人物、历史事件、社会习俗等，还意味着教学方法需要与当地教育实践相融合，以便学习者能在亲切熟悉的语境中学习汉语。其次，国际化的教育资源开发应重视当地教育机构的积极参与。通过与本土学校、大学及语言中心的合作，结合每个地区特有的文化和社会资源，开发具有地域特色的教学大纲和课程计划。这样，汉语学习可以更好地与当地的教育体系和学生的学习路径相协同。再次，本土化资源的开发还需强调本地化的师资培养。这要求通过本地化的师资培训方案，让更多的本土教师加入汉语教学行列。教师的培训内容不仅要涵盖标准化的汉语知识和教学法，更要注重教师对本地文化的理解及其与汉语教育的结合。最后，技术手段在教育资源本土化中发挥着重要作用。借助互联网和多媒体工具，可以为本土学习者提供更多样化的学习材料和互动平台。例如，利用社交媒体进行语言交流，或使用在线视频分享本土文化与汉语融合的实例，让学习者在日常生活中自然融入汉语学习。

二、海外汉语教师本土化选拔与培养

海外汉语教育未来发展的重要策略之一是深化海外汉语教师的本土化选拔与培养过程。该策略的核心在于构建一支深刻理解当地文化和教育环境的教师队伍。这一转变对提升教育质量、促进文化交流、增强教学适应性具有积极的意义。

选拔机制方面，重视从当地汉语学习者中挖掘教学潜力，通过全面的评估系统，识别具备优秀教育技能和深厚文化认知的人才。这不仅涉及语言教学能力，还包括对汉语作为第二语言教学法的掌握及对文化差异的敏感性；培养计划方面，注重提供定制化的教师训练，覆盖从汉语语言教学到跨文化交际的广泛领域。培训内容设计须结合当地社会与文化特征，确保教师能够有效地在本土环境中施教。同时，鼓励采用互动和参与式的学习方式，使教师在培训过程中就能与学生建立紧密的联系；在实践层面，提倡完善的实习与导师制度，使教师候选人能够在资深教师的指导下，积累实际教学经验。此外，通过实时反馈和定期评估，教师能及时调整教学方案，持续提升专业水平。

三、本土文化资源的挖掘与汉语教学的结合

展望未来，本土文化资源与汉语教学相结合将成为关键步骤，以实现教学内容与学习者文化背景的高度契合和互动。这样的结合不仅丰富了教学材料和方法，也加强了学习者对汉语及中国文化的兴趣和理解。

本土文化资源的深度挖掘要求教材开发者和课程设计师与本土学者、文化机构，甚至是社区团体紧密合作，共同探寻能够引起学习者共鸣的当地文化元素。例如，包括民间故事、历史遗迹、节日习俗、艺术作品等在教学中，能有效增加语言学习的趣味性和实践性。

汉语教学的进程中，要灵活运用这些本土文化资源作为教学内容和语境。运用合适的教学方法，如案例研究、角色扮演、参与式讨论等，让学习者在探讨和互动中自然融入新语言的学习和使用；此外，本土文化资源的融入将强化学习者的文化认同感，帮助他们在学习汉语的过程中建立起对中国文化的正面印象和深层理解。这种方法提升了教学的吸引力，同时也为学习者提供了一个更为广阔的

文化视角，促进跨文化交流能力的培养；在教学实践中，也鼓励实地体验本土文化，例如组织学生参与当地的中国文化节庆活动、访问与中国文化相关的历史场所，或与本土说汉语的社区进行交流，从而让学习体验更加立体和真实。

汉语国际教育事业的快速发展不仅标志着中国文化走向世界的重要性，也对于促进人文交流、推动经济合作、尊重文化多样性以及推动教育合作与交流具有重要意义。随着汉语国际教育事业的不断发展，我们有机会进一步推动中国文化在国际舞台上的影响力，加强国际的相互理解与友谊，以及培养具有全球视野和跨文化背景的人才。这将进一步推动世界的多元发展和相互交流，为构建人类命运共同体作出积极贡献。

结 语

在全球化的浪潮中，文化的交流与传播已成为连接不同国家和地区的重要桥梁。中国传统文化，作为世界文化宝库中的瑰宝，其传播与弘扬不仅关乎中国自身的文化自信与认同，更是促进全球文化多样性和相互理解的重要途径。在这一背景下，对外汉语教学作为连接中国与世界的窗口，其重要性日益凸显。本书深入探讨了中国传统文化在对外汉语教学中的传播价值、现状、挑战及应对策略，旨在为未来的文化传播与教学实践提供有益的参考与启示。

首先，我们必须认识到，中国传统文化的传播在对外汉语教学中具有不可替代的价值。汉语，作为中华文化的载体，其本身就是一种深厚的文化现象。在对外汉语教学中，语言的学习与文化的传播是密不可分的。学生不仅要掌握汉语的语音、词汇、语法等语言要素，更要理解其背后的文化内涵、价值观念、思维方式等深层次内容。通过学习汉语，留学生能够更深入地了解中国文化，感受其独特的魅力与智慧，从而增进对中国乃至整个东方文化的认同与尊重。

然而，当前对外汉语教学中的中国传统文化传播并非一帆风顺。我们面临着一系列挑战与困境。一方面，文化教学目标往往显得狭隘且抽象，缺乏具体、可操作的实施路径。跨文化意识的缺失、文化目标表述的含混不清以及实施难度大等问题，都制约了文化教学的有效开展。另一方面，文化教学内容的选择与编排也存在诸多争议。部分教师过于拘泥于语言本身的文化因素，忽视了更广泛的文化背景和深层次的文化内涵；同时，课程设置的不统一、教材编写的多样化也给学生带来了学习上的困扰。此外，教学方法的单一与陈旧、教学评价的片面与封闭以及教师文化教学能力的不足等问题，也亟待解决。

针对上述问题，本书中提出了一系列原则、方法及策略。在传播方法上，我们倡导多样化的教学方式，如课堂渗透法、课外活动实践传播法、任务型教学法等，以激发学生的学习兴趣和积极性。同时，我们也强调了传播原则的重要性，如精讲多练原则、循序渐进原则、适度性原则、趣味性原则以及突出语言教学特点的原则等，以确保文化教学的针对性和有效性。特别是“因材施教”原则的应用，更是要求教师根据学生的学业程度、志趣要求以及个性特点等因素，制定个性化的教学方案，实现精准传播。

在教学实施方面，本书中提出了体验教学、对话教学、对比教学等策略。体验教学强调学生在文化体验中感悟文化的真谛；对话教学则倡导在平等交流中减少文化冲突；对比教学则通过对比分析不同文化之间的差异与联系，帮助学生更好地理解和接纳中国文化。这些教学策略的实施，不仅能够提升学生的语言能力，更能够培养他们的跨文化交际能力和文化素养。

此外，对外汉语教师能力提高与素质培养也是极为重要的。作为文化传播使者的对外汉语教师，要具备扎实的语言功底和教学能力，还要具备深厚的文化底蕴和跨文化交际能力。他们应当具备合理的知识结构、较强的教学能力、良好的基本素养以及明确的角色意识，更好地承担起文化传播的重任。

在探索有效形式和长效机制方面，本书中提出将第一课堂与第二课堂相结合的思路。第一课堂是学生学习汉语和了解中国文化的主要场所，而第二课堂则是学生实践和应用所学知识的重要平台。理论课程之外，教师设计丰富多彩的文化体验活动和实践机会，如文化讲座、文化展览、文化交流活动等，使学生能够在亲身参与中感受中国文化的魅力与智慧，进一步对中华优秀传统文化的理解和认同。同时，我们也应积极探索建立长效机制，如完善文化教学评价体系、加强教师培训等，以确保文化传播的持续性和有效性。

展望未来，我们期待对外汉语教学中的中国传统文化传播能够实现从“走出去”到“融进去”的转变。我们不仅要让世界了解中国文化的独特魅力与智慧，更要让中国文化真正融入世界文化的大潮中，实现文化的交流与互鉴。同时，我们也应关注文化传播的深度与广度，从普及化向专业化发展，通过策略变革和文

化深度融合，提升文化交流的层次和水平。针对不同层次的学习者，构建更加完善、更加科学的课程体系和评价体系，以满足他们多样化的学习需求和发展目标。

中国传统文化的全球传播，特别是在对外汉语教育领域的深耕，无疑是一项长期而又充满挑战的任务。我们需要以开放的心态、创新的思维和务实的行动来面对挑战、解决问题、推动发展。相信在不久的将来，中国传统文化将在世界范围内绽放更加绚烂的光芒，成为连接不同国家和地区、增进相互理解与友谊的重要纽带。

参考文献

一、论著类

[1] 李洪玉，何一粟 . 学习能力发展心理学 [M]. 合肥：安徽教育出版社，2004.

[2] 江新 . 对外汉语教学的心理学 [M]. 北京：教育科学出版社，2007.

[3] 江新 . 对外汉语字词与阅读学习研究 [M]. 北京：北京语言大学出版社，2008.

[4] 彭志平 . 汉语阅读课教学法 [M]. 北京：北京语言大学出版社，2007.

[5] 闫国利 . 阅读发展心理学 [M]. 合肥：安徽教育出版社，2004.

[6] 布罗菲 . 激发学习动机 [M]. 上海：华东师范大学出版社，2005.

[7] 张必隐 . 阅读心理学 [M]. 北京：北京师范大学出版社，1992.

[8] 王初明 . 应用心理学：外语学习心理研究 [M]. 长沙：湖南教育出版社，1990.

[9] 沈德立 . 非智力因素的理论与实践 [M]. 北京：教育科学出版社，1997.

[10] 闵卫国，傅淳 . 教育心理学 [M]. 昆明：云南人民出版社，2004.

[11] 刘珣 . 对外汉语教育学引论 [M]. 北京：北京语言大学出版社，2005.

[12] 刘珣 . 汉语作为第二语言教学简论 [M]. 北京：北京语言文化大学出版社，2002.

[13] 张和生 . 汉语报刊教学理论与方法 [M]. 北京：北京大学出版社，2007.

[14] 黄锦章，刘焱 . 对外汉语教学中的理论和方法 [M]. 北京：北京大学出版社，2004.

[15] 张灵芝 . 对外汉语教学心理学引论 [M]. 厦门：厦门大学出版社，2006.

[16] 吕必松 . 汉语和汉语作为第二语言教学 [M]. 北京：北京大学出版社，2007.

[17] 燕国材 . 非智力因素与学习 [M]. 北京 ：高等教育出版社，2006.

[18] 高觉敷，叶浩告 . 西方教育心理学发展史 [M]. 福州 ：福建教育出版社，2005.

[19] 郑石岩 . 心理分析与教育 [M]. 台北 : 台北源流出版公司，1986.

[20] 秦晓晴 . 中国大学生外语学习动机研究 [M]. 北京 : 高等教育出版社，2007.

[21] 莫雷,温忠麟,陈彩琦 . 心理学研究方法 [M]. 广州 : 广东高等教育出版社，2007.

[22] 陈琦，刘儒德 . 当代教育心理学 [M]. 北京 : 北京师范大学出版社，2007.

[23] 漆书青 . 教育统计与测量 [M]. 沈阳 : 辽宁大学出版社，2007.

[24] 盛炎 . 语言教学原理 [M]. 重庆 ：重庆出版社，1990.

[25] 吴勇毅 . 对外汉语教学理论与语言学科目考试指南 [M]. 北京 : 华语教学出版社，2003.

[26] 林格伦，章志光 . 课堂教育心理学 [M]. 昆明 : 云南人民出版社，1983.

[27] 章兼中，俞洪珍 . 英语教育心理学 [M]. 北京 : 警官教育出版社，1998.

[28] 麦库姆斯，波普 . 学习动机的激发策略 [M]. 北京 : 中国轻工业出版社，2002.

[29] 于春迟 . 走向世界的汉语教学探索 [M]. 北京 : 外语教学与研究出版社，2008.

[30]Jeanne Ellis Ormrod. 教育心理学 [M]. 西安 ：陕西师范大学出版社，2005.

[31] 周小兵，张世涛，干红梅 . 汉语阅读教学理论与方法 [M]. 北京 : 北京大学出版社，2008.

[32] 方俊明 . 认知心理学与人格教育 [M]. 西安 : 陕西师范大学出版社，1992.

[33] 张承芬 . 教育心理学 [M]. 济南 : 山东教育出版社，2000.5.

[34] 孟凡杰，陈璠 . 对外汉语阅读教学法 [M]. 厦门 : 厦门大学出版社，2006.

[35] 徐子亮 . 对外汉语教学心理学 [M]. 上海 : 华东师范大学出版社，2007.

[36] 陈贤纯 . 对外汉语阅读教学 16 讲 [M]. 北京 : 北京语言大学出版社，2008.

[37] 吕必松 . 语言教育与对外汉语教学 [M]. 北京 ：外语教学与研究出版社，2005.

[38] 王魁京 . 第二语言学习理论研究 [M]. 北京 ：北京师范大学出版社，1998.

[39] 李晓琪 . 对外汉语文化教学研究 [M]. 北京 ：商务印书馆，2006.

[40] 桂诗春 . 心理语言学 [M]. 上海 : 上海外语教育出版社，1985.

[41] 章兼中 . 外语教育心理学 [M]. 合肥 : 安徽教育出版社，1986.

[42] 桂诗春 . 中国学生英语学习心理 [M]. 长沙 : 湖南教育出版社，1991.

[43] 朱纯 . 外语教学心理学 [M]. 上海 : 上海外语教育出版社，1994.

[44]Bandura. Self-efficacy:The Exercise if Control[M].New York:Freeman, 1997.

二、论文类

[1] 程彦葆 . 论“论情感因素”在英语教学中的重要性 [J]. 教学与管理,1999(3).

[2] 秦晓峰 . 动机在第二语言学习中的作用及其启示 [J]. 沈阳农业大学学报，2009 (5) .

[3] 赵小焕，郭卿 . 阅读心理研究与对外汉语教学 [J]. 教育发展与研究，2009 (17) .

[4] 张立 . 学习动机与外语习得的个案研究 [J]. 开封教育学院学报，2003(12).

[5] 延辉，李小华 . 第二语言习得动机模式研究述评 [J]. 重庆工学院学报，2008 (2) .

[6] 张芳 . 第二语言学习中学习动机的作用与启发 [J]. 和田师范专科学校学报，2007 (7) .

[7] 周璇，饶振辉 . 二语学习动机研究的方向问题 [J].*Foreign Language World*，2007 (2) .

[8] 陈思琦．语言的认知心理研究及对外汉语教学的启示 [J]. 社会科学家，2005（10）.

[9] 陈琦．试论学生的个性差异和差异教学 [J]. 福建广播电视大学学报，2007（4）.

[10] 雪征．激发学生英语学习动机的途径 [J]. 职业圈，2007（15）.

[11] 马魁，郝玉荣．学生个体差异及其在教学中的运用 [J]. 文化教育，2006（4）.

[12] 杜正学．浅谈加德纳的动机模式 [J]. 陇东学院学报，2008（1）.

[13] 蔡绿，苗欣．对外汉语教学中语言偏误的认知心理分析 [J]. 通化师范学院学报，2009（5）.

[14] 王天星．汉语阅读中认知心理因素的分析及其作用 [J]. 云南师范大学学报，2003（1）.

[15] 张娟．论认知语境的建构及推理在英语阅读教学中的应用 [J]. 湖北经济学院学报，2008（2）.

[16] 蔡绿．认知心理学视域下汉语报刊阅读教材的编写 [J]. 韶关学院学报，2009（4）.

[17] 高惠敏．桑代克关于学习心理的研究与对外汉语教学 [J]. 云南师范大学学报，2006（1）.

[18] 廖智宏．对外汉语阅读课教学方法研究 [J]. 广西民族学院学报，2004（7）.

[19] 李玉荣．多元智能理论为因材施教提供理论基础 [J]. 大连教育学院学报，2004（9）.

[20] 冷英．加德纳的多重智力理论及其启示 [J]. 心理学探索，2001（1）.

[21] 高磊．元认知技能训练在对外汉语阅读教学中的应用 [J]. 语言文字应用，2005（9）.

[22] 何亚萍．对外汉语阅读课的思考 [J]. 安徽文学，2008（6）.

[23] 郭琴琴．多元智能理论及其对个性化教育的启示 [J]. 山西煤炭管理干部学院学报，2008（3）.

[24] 桂诗春．心理语言学的研究和应用 [J]. 外语教学与研究，1979，（2）.

[25] 张正东 . 外语教学的情感因素 [J]. 西南师院学报，1985（2）.

[26] 桂诗春 . 我国英语专业学生社会心理分析 [J]. 现代外语，1986（1）.

[27] 郑立华 . 法语专业学生学习动机调查分析 [J]. 现代外语，1987（1）.

[28] 王初明 . 中国学生的外语学习模式 [J]. 外语教学与研究，1989（4）.

[29] 刘润清 . 决定语言学习的几个因素 [J]. 外语教学与研究，1990,（2）.

[30] 王初明 . 外语学习中的认知和情感需要 [J]. 外语界，1991（4）.

[31] 裴维襄 . 关于对外汉语《报刊阅读》课教学的思考 [J]. 教师论坛，2002(4).

[32] 教育部国际合作与交流司 . 来华留学生简明统计 2018[R].2018-12-31

[33] 魏礼庆 . 来华留学与国家战略 [EB/OL][2016-12-8].http://www.moe.gov.cn/moe_838/201.html.

[34] 习近平 . 把思想政治工作贯穿教育教学全过程开创我国高等教育事业发展新局面 [EB/OL][2016-12-8].http://www.moe.gov.cn/moe_838/201.html.

[35] 习近平给北京大学的留学生们的回信 [EB/OL].2021-06-22[2021-07-22].http://tv.people.com.cn/nl/2021/0622/c141029-32137716.html.

[36] 陈大远 .OBE 理念下留学生“高级阅读课”思政元素挖掘分析 [J]. 黑龙江教育（高教研究与评估），2021（10）.

[37] 陈峥 .“课程思政”在对外汉语教学中的应用考察 [J]. 汉字文化，2020(17).

[38] 姜峰 . 培养具有全球视野和世界眼光的高层次国际化人才 [J]. 中国高等教育，2020（11）.

[39] 巩茹敏，林铁松 . 课程思政：隐性思政政治教育的新形态 [J]. 教学与研究，2019（06）.

[40]Bandura. Self-efficacy:Toward a Unifying Theory of Behavioral Change[J].*Psychological Review*，1977.

[41]Bandura. Regulation of Cognitive Process through Perceived Self-efficacy[J].*Developmental Psychology*，1989.